KB115892

수업
심리학을
만나다

수업
심리학을
만나다

발행일 2018년 12월 3일 초판 1쇄 발행
지은이 윤상준
발행인 방득일
편 집 신윤철, 박현주, 문지영
디자인 강수경
마케팅 김지훈

발행처 맘에드림
주 소 서울시 도봉구 노해로 379 대성빌딩 902호
전 화 02-2269-0425
팩 스 02-2269-0426
e-mail momdreampub@naver.com

ISBN 979-11-89404-07-9 93370

수업심리학의 관점에서 교육과정-수업-평가를 보다

수업
심리학을
만나다

윤상준 지음

맘에 드림

교사는 가르침의 주체로
학생은 배움의 주체로

수년 전부터 '학생 중심 수업'이라는 말이 교육계에서 자주 회자되고 있습니다. 학생이 중심이 되도록 수업을 디자인하고 진행하여, 학생을 수업의 주인공으로 만들어야 한다는 의미이지요. 많은 교육 전문가들은 학생이 소극적인 수업 참여자에서 벗어나 스포트라이트를 받는 주인공이 되는 학생 중심 수업이야말로 고차원적 사고 능력을 필요로 하는 4차 산업혁명 시대에 제대로 부응하는 수업이라고 이야기합니다.

그런데 '학생 중심 수업'이라는 용어가 자주 회자되고 강조되고 있는 것을 보면, 그동안 우리나라의 수업은 학생 중심이 아니었다는 것을 짐작할 수 있습니다. 잘 알다시피, 과거 우리의 수업은 효율성이라는 명목하에 교사를 중심으로, 교사의 주도하에 이루어져왔습니다. 그러한 수업에서 학생은 그저 소극적인 수용자의 역할을 취할 수밖에 없었습니다.

　수업이 학생 중심으로 이루어져야 한다는 말 자체에는 아마도 대부분 이견이 없을 거라고 생각합니다. 그리고 학교 현장에서도 이미 많은 교사들에게 이런 생각들은 큰 공감을 얻고 있습니다. 하지만 진정한 학생 중심 수업을 실천하기 위해서 교사가 수업에서 '무엇을', '어떻게' 해야 하는지 학생 중심 수업을 위한 교사의 진정한 역할은 무엇인지에 대해서는 다소 모호한 측면이 있습니다. 필자 또한 진정한 학생 중심 수업을 실현하기 위한 교사의 역할을 쉽게 규정할 수 있다고 생각하지는 않습니다.

교사는 '수업 진행 도우미'가 아니다

우선, 학생 중심 수업이란 무엇일까요? 앞에서도 잠시 언급했지만, 학생 중심 수업은 학생들이 능동적으로 참여하며 주도적으로 이끌어가는 수업이라고 간단히 정리해볼 수 있습니다. 학생은 더 이상 교사가 일방적으로 이야기하는 내용을 인형처럼 가만히 앉아서 듣고만 있는 존재가 아니라, 스스로 배움을 주도할 수 있는 배움의 주체가 되어야 한다는 뜻입니다. 실제로 최근 학교 현장의 수업을 살펴보면 강의식에 쏠려 있던 천편일률적 수업 방법에서 벗어나 학생이 직접 참여하는 모둠 활동과 학습 활동지 등이 많이 활용되고 있는 추세입니다.

그렇지만 필자는 이러한 추세에 대해서 다소 우려하는 부분이 있습니다. 왜냐하면 필자가 생각하기에 이러한 수업에서 교사는 마치 '수업 진행 도우미'처럼 여겨지는 것 같기 때문입니다. 즉 학생을 중심으로 하는 수업이라고 하면 교사는 그저 모둠을 잘 구성시켜주고, 활동지 설계를 잘 하며, 학생들이 수업시간에 각 활동에 잘 참여하여 집중할 수 있도록 적극적으로 지원해주는 정도로만 그 역할을 해석한다는 게 어쩐지 너무나 지엽적인 해석이 아닐까 생각하게 됩니다. 솔직히 필자는 학생 중심 수업과 관련하여 수업의 주체를 학생으로만 단정 짓는 분위기 속에서 교사 고유의 책임과 권리를 지키지 못하고, 박탈당한 것 같아 어딘가 불편한 마음이 있었던 게 사실입니다.

수업의 본질은 교사의 가르침과 학생의 배움

그런데 수업을 본질적으로 나누어 생각해보니, 이러한 불편한 마음이 상당 부분 해소되었습니다. 우선, 수업은 교사의 가르침과 학생의 배움으로 구분해볼 수 있을 것입니다. 그리고 이와 같은 구분이 가능하다는 것을 이해한 상태에서 수업에서의 주체가 누구인지 생각해보는 거죠. 그렇습니다. 교사와 학생 모두가 수업에서 주체가 될 수 있고, 또 그렇게 되어야 합니다.

주체가 된다는 것은 적극적으로 나서서 각자의 일을 주도해나간다는 것을 의미합니다. 다시 말하면, 교사는 수업에서 가르침의 주체가 되어 가르침을 주도해야 하고, 학생은 배움의 주체가 되어 스스로의 배움을 주도해야 합니다. 그러나 수업이 가르침과 배움으로 각각 생각해볼 수 있다는 것이, 이 둘이 수업에 존재하고 있다는 의미일 뿐, 가르침이 곧 배움이 된다는 것을 의미하지는 않습니다.

안타깝게도 가르침과 배움 사이에는 어떤 틈이 존재하는 게 현실이지요. 하지만 이러한 틈은 교사가 어떻게 노력하느냐에 따라 상당 부분 좁힐 수 있는 여지가 있습니다.

가르침과 배움의 간극을 줄이는 수업

필자는 이 책을 통해 '수업심리학'의 관점에서 학생 중심 수업 그리고 교사의 수업 전문성을 재해석해보려고 합니다. 아울러 어떻게 수업을 디자인하고, 실천하며, 평가해야 진정한 학생 중심 수업을 실현할 수 있는지에 관해서도 이야기해보려 합니다. 이 책을 통해 여러분이 교사의 입장에서 학생 중심 수업의 의미에 대해서 다시 생각해보았으면 합니다. 필자는 적어도 모둠을 구성하고 활동지를 잘 만드는 것만으로는 교사가 가르침의 주체로서 제대로 역할 수행을 하고 있다고 보기는 어렵다고 생각합니다. 진정한 의미의 학생 중심 수업을 실현하기 위해 교사는 수업에서 학생의 배움과 성장의 기회를 놓치지 않고 잡아내며, 학생의 삶에 긍정적인 영향을 줄 수 있어야 합니다.

우리 교사들 스스로가 좀 더 가치 있고 위대한 일을 할 수 있는 존재라고 믿었으면 좋겠습니다. 필자가 교사가 된 이유는 다음과 같은 말을 믿었기 때문입니다.

"교사는 누군가의 삶에 긍정적인 영향을 줄 수 있다."

교육에 대한 이러한 가치와 철학을 함께 공유하고 싶은 분들이 이 책과 함께 하기를 필자는 간절히 기대합니다. 끝으로 비록 단일 저자의 이름으로 출판되지만, 주변의 많은 도움들이 없었다면 이 책은 아마도 존재할 수 없었을 것입니다. 쉽지 않은 내용들이었지만, 수업과 관련하여 이 책의 이론적인 흐름들을 잘 정리할 수 있도록 오랜 기간 함께 공부하며 통찰을 주신 서울대학교 권오남 교수님과 대학원 팀원들, 교육 문제에 대한 고민과 질문들을 함께 나누며 현실적인 조언들로 배움의 기회를 주신 교육정책디자인연구소 회원들 그리고 무엇보다도 나를 존재하게 하는 '성진, 서현, 동현'에게 감사의 마음을 전합니다.

차례

PART 01

"진정한 학생 중심 수업은 교사와 학생이 함께 성장하는 수업이다"

교사, 왜 수업심리학과 만나야 하는가?

PART 02
"뿌리 깊은 나무는 쉽게 흔들리지 않는다"
수업심리학, 학생 중심 수업의 기초를 세우다

PART 03
"학생 중심 수업의 성공 여부는 결국 교사의 역량에 달렸다"

교사의 수업 전문성을 높이는 역량에 관하여

PART 04
"수업을 준비, 실행, 성찰하는 과정에서 학생과 눈높이를 맞춘다"
수업심리학을 기반으로 수업을 실천하고 평가하다

학생 중심 수업과 수업 전문성에 대해
끊임없이 고뇌하는 교사들께

수업은 교사와 학생이 함께 만나는 것만으로도 중요한 의미와 가치를 가진다. 그런데 많은 교사들이 수업 전문성이라고 하면 수업 기술이나 수업 방식에 초점을 맞추는 경우가 많은데, 과연 그것이 올바른 접근인가에 대해서는 의구심이 생길 수밖에 없다. 왜냐하면 아무리 좋은 수업 기술이나 수업 방식을 적용해도 학생에 대한 이해가 빠져 있다면 결코 좋은 수업을 만들어갈 수 없기 때문이다.

#1. 수업이란 학생과 교사가 함께 공유하는 삶

현대 사회는 다양한 분야, 폭넓은 범위에서 급격한 변화가 나타나고 있습니다. 그리고 이러한 변화의 물결 속에서 자연스럽게 교육의 변화도 함께 요구되고 있습니다. 교육에서의 변화는 다시 학교와 그 안에서 이루어지는 수업에도 자연스럽게 영향을 미칠 수밖에 없습니다. 이로 인해, 각 학교들의 교육과정 운영은 점점 더 다양해지고, 학교 안에서 교실마다 이루어지는 수업의 풍경도 예전과 달리 상당히 다채로워지고 있습니다.

약간 과장하자면 요즘은 매일매일 눈을 뜰 때마다 새로운 수업 기술과 방법이 소개되고 있는 것 같습니다. 하나의 새로운 수업 방법에 이제야 조금 익숙해지는가 싶으면, 어느새 새로운 수업 방법이 유행하기 시작하는 식이지요. 사실 교사는 수업 외에도 처리해야 할 일들이 늘 산더미 같은데, 이러한 유행까지 일일이 따라가는 것은 실로 벅찬 일입니다.

물론 이러한 것들 중에서 어떤 수업은 좋은 수업이고, 또 어떤 수업들은 그렇지 못하다고 섣불리 판단을 내리는 것은 사실 굉장히 무의미합니다. 왜냐하면 수업이란 교사와 학생이 **함께 만난다**는 것 하나만으로도 이미 큰 의미와 가치를 가지고 있기 때문입니다.

학생을 만난다는 것은 정현종 시인의 말처럼 '사람[1]'을 만나는 것입니다. 수업이란 학생의 삶과 교사의 삶이 서로 교차하는 순간인 동시에, 교사와 학생 각자가 서로 공유할 수 있는 삶의 한 조각을 만들어가는 곳이죠. 이러한 사실만으로도 수업이라는 것은 교사, 학생 모두의 삶에서 커다란 의미가 있으며, 가치가 있는 위대한 행위임을 알아야 할 것입니다.

'학생 중심'이라는 단어는 최근 교육에서 가장 중요하게 생각하는 가치 중 하나입니다. 학생이 교사의 가르침을 수동적으로 받아들이는 존재에 그치지 아니하고, 더 나아가 학생이 배움의 주인공이 되는 교육을 지향한다는 의미를 담고 있습니다. 또 이러한 의미는 학교 현장의 교사들에게도 많은 공감을 얻고 있기 때문에 앞서 언

---

1. 시의 제목은 〈방문객〉이다.

급한 수업의 위대함에 더하여, 학생들 개개인의 배움과 의미 있는 성장에 더 많은 도움을 주기 위해서, 자신의 수업 전문성 향상을 고민하는 교사들은 점점 더 늘어나고 있습니다.

그러나 학교마다, 교실마다 때로는 교사마다, 심지어 학생마다 처한 여건과 문제되는 상황은 모두 제각각입니다. 심지어 고민도 저마다 다양하지요. 해결해야 할 고민이 많은 만큼 여기저기에서 서로 전문가를 자처하며 다양한 해결책들을 제시하고 있습니다. 그러나 그중에서 현재 교사 자신의 상황에 꼭 맞는 만족스러운 해결 방법을 찾아내기란 매우 어렵습니다. 고민이 많을수록, 현상이 다양하고 복잡할수록, 차라리 무엇이 문제해결을 위해서 본질적인 것인지를 스스로 깊게 생각해볼 필요가 있습니다.

#2. 수업에서 학생들이 진짜로 배운 것은 무엇인가?

어느 선생님의 수업 사례를 여러분과 공유해보고 싶습니다. 개인적으로 이 사례를 접하면서, 학생 중심 수업을 실천할 때, 교사가 과연 무엇을 해야 하는지에 관해 곰곰이 생각해보게 되었기 때문입니다. 편의상 A교사라고 지칭하겠습니다.

A교사가 자신의 수업에서 나온 학생들의 활동 산출물을 자랑하듯 말씀하셨습니다.

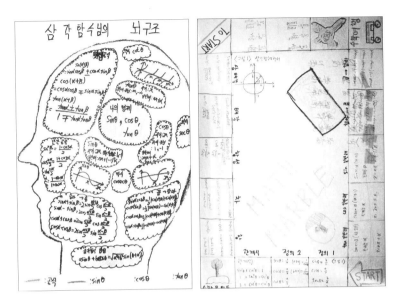

학생들이 실제로 제출한 조별 단원정리 산출물이다. 나름대로 아이디어가 빛난다

A교사 : 사실 학생들의 능력은 **우리 교사들이 생각하는 것 이상으로 뛰어납
니다.** 수업시간에 단원을 정리하는 차원에서 학습 내용을 그
림으로 정리해보게 했는데,(학생들의 산출물을 여러 장 보여주면
서) 보세요! **이렇게 우수합니다.**

산출물들을 살펴보니 학생들이 제법 색연필도 다양하게 이용하
고, 구성에 있어서도 나름의 아이디어를 담아낸 그림으로 단원의
내용을 요약하고 있었습니다. 학생들이 요약하고 정리한 내용들
은 수학 교과의 삼각함수 단원이었는데, 태양계의 모습으로 보이
는 디자인을 선택한 학생들도 있었고, 뇌 구조나 유명한 보드게임

의 모습 등으로 디자인한 학생도 있는 등 다양한 형태의 산출물을 볼 수 있었습니다. 그런데 이러한 학생들의 다양한 결과물들을 살펴보다 보니 갑자기 궁금증이 생기더군요.

왜 이런 그림을 **학생들이** 그렸을까?
이 그림들이 **학생들의** 배움과 어떤 관련이 있는 것일까?
이 수업을 통해 **학생들이** 진짜로 배운 것은 무엇이었을까?

그래서 A교사와 좀 더 대화를 이어나가 보았습니다.

필자 : 학생들이 그림을 잘 그렸네요. 혹시 저 디자인들은 삼각함수와 관련이 있는 건가요?

A교사 : 학생들이 조별로 각자 내용을 정리하면서 했던 활동들이었고, 디자인은 학생들이 자유롭게 표현해보도록 했어요.

필자 : 선생님께서 이 활동을 통해 의도하신 건 무엇이었나요?

A교사 : (잠시 생각하다가) 각 조별로 단원의 내용들을 그림으로 표현하게 하였는데, 이를 조별로 발표하면 학생들은 여러 번 같은 내용을 듣게 되고, 결국 배운 내용을 더 잘 이해하게 되겠지요.

필자 : 그렇다면 이를 통해서 학생들은 어떻게 평가하셨나요?

A교사 : 이 모든 활동을 다 점수화해서 평가할 순 없지만, 성실히 참여해준 학생들에게 활동 내용을 잘 기록해줄 예정이에요.

A교사의 수업은 분명 학생들이 주도적으로 창의성을 발휘하게 해준 참신한 수업 같았지만, 뭔가 조금 아쉬웠습니다. 실제로 많은 교사들에게 물어보면 수업시간에 학생들에게 어떤 활동을 맡겨보았을 때, 교사 자신이 생각했던 것보다 우수한 결과물들이 도출되는 경험을 했다는 이야기를 하곤 합니다. 그리고 이런 경험들을 통해 학생들의 능력은 평소 교사들이 생각했던 것보다 훨씬 우수하다는 확신을 가지게 되었다고 말하죠.

그러나 필자는 그것이 과연 사실인지 의심스럽습니다. 왜냐하면 학생의 우수성에 대해서 이야기를 하고 있지만, 정작 **우수성의 근거**가 확실치 않기 때문입니다. "무엇이 왜 우수하다고 판단한 것일까?" 미술도 아닌 수학 수업시간에 그림을 깔끔하게 잘 그렸기 때문에 우수하다고 평가하는 걸까요? 이것이 과연 타당할까요? 또한 학생들이 뛰어넘었다는 '교사의 생각'이란 과연 무엇이었을까요?

A교사가 '우수하다'고 한 것은 과연 수업을 디자인할 때 교사 자신이 수업의 목표로 생각했던 일정한 기준을 학생들이 뛰어넘었다는 의미였을까요? A교사의 수업은 담당 선생님도 새로운 시도를 위해 노력하셨고, 수업이 진행되는 과정도 분명 재미있어 보였지만, 필자에게는 이와 같은 고민들을 시작하게 해준 계기가 되었습니다.

#3. 이제는 수업기술에 내재된 철학과 가치에 주목할 때다

최근에는 초등학교는 물론 중·고등학교 교실에서도 교사의 강의에만 의존한 수업 방법에서 벗어나 수업시간에 학생들이 참여할 수 있는 꽤 다양한 시도들이 이루어지고 있습니다. 다양한 교육용 소프트웨어가 개발되어 현장에 보급되었고, 마인드맵이나 비주얼 씽킹, 거꾸로 교실 수업, 토론, 프로젝트 수업처럼 전통적인 강의식 수업에서 벗어나 새로운 방법들을 수업에 도입하기 위해 많은 교사들이 노력하고 있는 것입니다.

학생들이 자발적으로 참여할 수 있는 재미있는 활동이나 표현을 중심으로 이루어진 근래의 다양한 수업 방법들이 학생의 배움에 도움을 줄 수 있다는 점만큼은 인정합니다. 그러나 내실이 아닌 오직 외형과 절차만을 추구하는 것은 거의 필연적으로 한계에 부딪힐 수밖에 없습니다. 예컨대 스스로 직접 고민하지 아니하고 그저 주변의 다른 교사들이 '좋다'며 권하거나 친한 교사의 추천을 받은 수업 방법을 그대로 자신의 수업에 적용하는 경우를 살펴볼까요? 이런 식의 도입은 아무리 좋은 수업 방법이라도 오래 지속할 수 없을 뿐더러, 실제 교수-학습 상황에서 의미 있게 활용되기도 어려운 게 현실입니다.

그렇다면 수업에서 교사가 가장 중요하게 여겨야 할 것은 무엇일까요? 그건 바로 교사가 추구하는 교육의 **가치**나 **철학** 그리고 수업에서의 **목표**가 아닐까요? 목적이 없는, 정처 없는 발걸음은 아무리 달리고 노력해도 도착지가 불분명한 끝없는 방황만 가져올 뿐이죠. 본인만의 고유한 수업 목표와 지향점이 불분명한 수업은 결국 교사에게도 학생들에게도 혼란만 가져올 뿐, 진정한 의미의 성장을 기대하기 어렵다는 뜻입니다.

　그렇다면 현장에서 이루어지고 있는 다양한 수업들은 이러한 목표들을 중요하게 생각하여 잘 담아내고 있을까요? 최근에는 교사 주도의 강의식 수업에 대해서 다소 비판적인 입장을 취하는 여론이 높습니다. 그렇지만 여러 비판에도 불구하고 최소한 강의식 수업은 특정 내용을 학생들에게 꼭 가르치겠다고 하는 교사의 의도 측면에서만 보자면 오히려 수업의 목표가 명확하다고 볼 수 있지 않을까요?

물론 최근 현장에서 좀 더 학생들이 배움에 가까이 다가설 수 있도록 다양한 노력을 기울이고 있는 수많은 교사들의 시도들을 폄하할 생각은 전혀 없습니다. 오히려 이 모든 노력들은 상당히 고무적이며, 앞으로도 더욱 격려해야 마땅할 것입니다.

　다만 단순히 학생들을 활동에 참여하게 하는 방법을 고민하기에 앞서 더욱 의미 있는 참여가 무엇이어야 하는지에 관해 한번 생각해볼 필요가 있다고 봅니다. 어떤 행동을 일으키는 동기에는 내적 동기와 외적 동기가 있습니다. 이와 마찬가지로 학생의 참여도 내적인 참여와 외적인 참여로 구분해볼 수 있을 것입니다. 외적 참여를 순수하게 과정과 절차에 참여하는 활동에 초점을 맞춘 것이라면, 내적 참여는 학생의 사고와 지식의 구조에 변화를 수반하는 활동이라고 할 수 있습니다.

내적 참여와 외적 참여 중 어느 것이 더 중요하다고 선뜻 판단하기란 어려운 일입니다. 사실 내적 참여와 외적 참여는 모두 중요합니다. 왜냐하면 외적 참여가 내적 참여를 이끌어내는 동력으로 작동될 수 있기 때문이지요. 그런데 요즘 학교 수업에서는 외적인 참여와 내적인 참여를 동일하게, 또는 마치 외적 참여가 내적 참여를 보장해주는 것처럼 가정하는 측면이 없지 않아 우려가 됩니다.

물론 내적 참여를 구체적으로 확인한다는 건 매우 어렵습니다. 그럼에도 불구하고 교사들은 학생의 내적인 참여에도 초점을 맞추어야 한다고 생각합니다. 그 이유는 학습이라는 것이 본질적으로 학생의 **내면**에서 일어나는 일이며, 이것이 학생의 의미 있는 성장에 더욱 도움을 주기 때문입니다.

내적 참여에 초점을 맞춘다는 것은 달리 말하면 학생이 수업의 내용을 정확하게 그리고 의미 있게 이해하였는지, 이미 학습한 내용들과 다른 내용들을 연결시키며 어떻게 자신의 지식으로 만들어가고 있는지 등을 수업에서 고려해야 한다는 뜻입니다. 이 모든 것들이 진정으로 실현되기 위해서는 교실에 무작정 새로운 수업 방법을 도입하는 식의 방법적인 접근에 앞서, 학생들의 **내면**, 즉 **심리적인 측면**에 대한 접근이 더욱 필요하다는 것을 교사들이 통감해야 할 것입니다.

이 책은 바로 그러한 취지에서 집필하게 되었습니다. 필자를 포함해 대부분의 교사들은 진정 아이들에게 의미 있는 배움을 일으키는 수업을 만들어가고 싶어 합니다. 이를 위해 아이들이 주인공이 되는 다양한 수업 방법을 교실에서 시도해보는 것도 물론 중요하지요. 하지만 그에 앞서 학생의 마음을 진심으로 이해하려는 노력이 선행되어야 할 것입니다. 수업심리학은 여러분의 이러한 노력에 분명 도움을 줄 것입니다.

이제부터 본격적으로 우리 교사들이 수업심리학의 관점에서 학생의 심리적인 측면을 이해하는 것이 왜 중요한지 그리고 그러한 이해를 바탕으로 진정한 배움을 일으키는 수업은 어떻게 만들어가야 할지 살펴볼 것입니다. 책을 읽은 후에 여러분이 앞으로 만들어가게 될 수업에서 학생의 내면과 심리적 측면에 좀 더 관심을 갖게 되기를 진심으로 바랍니다.

최근 학생이 배움의 주체가 되는 수업을 만들어가는 학생 중심 수업이 대세로 떠오르고 있다. 하지만 진정한 의미의 학생 중심 수업을 실현하려면 단순히 학생들이 수업에 적극 참여할 수 있는 수업 방법을 연구하고 도입하는 것만으로는 뭔가 부족하다. 그러한 노력에 앞서 필요한 것은 어쩌면 학생 그 자체에 대한 깊은 이해일 것이다. 수업심리학은 바로 여기에서 시작한다. 학생에 대한 깊은 이해를 바탕으로 모든 학생의 성장을 이끌어낼 수 있는 수업을 만들어가는 것. 이것이야말로 수업심리학의 본질이다.

교사,
왜 수업심리학과
만나야 하는가?

"진정한 학생 중심 수업은 교사와 학생이 함께 성장하는 수업이다"

01
수업심리학, 학생 중심 수업의
새로운 관점을 제안하다

수업은 교사의 자부심이다. 교사라면 누구나 수업을 잘하고 싶어한다. 아마도 현장의 많은 교사들이 수업 전문가로서의 교직 전문성에 대해 고민하고 있을 것이다. 하지만 막상 교사들에게 수업 전문가의 모습은 어떠해야 하는지 묻는다면 아마도 선뜻 대답하기 어려울 것이다. 수업 전문가란 무엇일까? 그저 수업을 능수능란하게 잘 하는 사람을 의미하는 걸까? 이에 필자는 교사들에게 **수업심리학**이라고 하는 관점에서 교사들이 수업 전문성을 재고해볼 것을 제안하려고 한다.

하지만 수업심리학이 무엇인지 살펴보기 전에, 수업 전문성에 관해 좀 더 이야기해보려 한다. 우선 다음 두 학생의 새 학년 다짐을 살펴보자.

😀 올해는 반드시 공부를 열심히 할 거야!

😊 올해는 매일 책을 30페이지씩 읽고, 느낀 점을 요약해야지!

이 두 학생의 차이는 무엇일까? 바로 목표 설정에 있어서의 '모호함'과 '구체성'에 있다. A학생의 경우 열심히 공부하겠다고 했지만, 실상 '열심히'라는 개념은 매우 모호하다. 사람에 따라서 '열심히'의 기준은 얼마든지 달라질 수 있기 때문이다. 하지만 B학생의 경우는 기준이 명확하다. '매일 30페이지씩', '느낀 점을 요약'이라고 하는 구체적인 목표를 설정해두고 있기 때문이다.

일 년이 지난 뒤에 되돌아보면 A학생에 대한 평가는 상당히 주관적일 수밖에 없다. 그뿐만 아니라 과연 목표를 이루었는지조차 제대로 파악하기 어려울 수 있다. 반면 B학생의 경우는 목표의 달성 여부를 손쉽게 평가해볼 수 있을 것이다.

마찬가지라고 생각한다. 우리에게 정말로 이루고자 하는 꿈이 있다면, 우선 그 꿈에 관해서 구체적으로 그려보려고 고민해볼 필요가 있다. 왜냐하면 꿈을 구체적으로 그리면 그릴수록 노력을 집중할 수 있을 것이고, 결과적으로는 실현 가능성을 높일 수 있기 때문이다.

위에 제시된 두 개의 목표 중에서 어떤 목표가 노력하여 달성할 수 있는 목표라고 생각되는가? 필자가 말하고 싶은 건 수업 전문가가 되고 싶다면, 먼저 교사 자신이 생각하는 수업 전문가가 무엇인지 그 구체적인 모습을 떠올리기 위한 노력이 전제되어야 한다는 것이다. 그렇지 않으면 이상만 드높을 뿐, 마치 뜬구름을 잡으려는 시도처럼 공허한 노력만 되풀이하게 될 수 있다. 이 책에서는 다음과 같은 3가지 측면에서 교사 스스로 다시금 고민해보도록 제안하고 있다.

첫째, 내용 지식과 수업 방법 중심의 전문성 추구의 한계
둘째, 배움의 주체를 모든 학생으로 인식
셋째, 학생의 심리적인 측면에 대한 이해

내용 지식과 수업 방법 중심의 전문성 추구는 한계가 있다

우선 첫 번째로 고민해보고 싶은 것은 교과에 대한 내용 지식과 수업 방법에 관한 것이다. 우리 교사들이 수업을 철저하게 준비하는 과정에는 정말로 많은 시간과 노력이 필요한 게 사실이다. 특히 교사들은 학생들에게 지도할 수업의 내용을 폭넓게 준비하는 데 대부분의 시간과 노력을 기울인다.

수업시간에는 수많은 변수들이 서로 역동하며 영향을 미친다. 그 안에서 교사는 자신이 가르치고자 하는 내용이 학생들의 배움

으로 이어질 수 있도록 디자인해야 한다. 이를 위해 학생들의 흥미를 자극하고, 좀 더 쉽게 이해할 수 있도록 도와주며, 질문이나 그 밖의 우발적인 상황들에 대해 당황하지 않고 잘 대처해나가도록 준비하게 된다.

그런데 그러기 위해서는 그저 교과서에서 제공되고 있는 내용만 가지고 수업을 진행하기에는 충분하지 않다. 그래서 교사들은 스스로 다양한 문제들을 정리해서 풀어보고, 여러 자료들을 검토한다. 그뿐만 아니라 최근 이슈가 되고 있는 사회적 현상과 수업 내용을 연결시켜보기도 한다. 그리고 이를 기반으로 활동지와 미디어 자료들을 만들면서, 수업시간에 학생들과 함께 활동할 다양한 교수-학습 자료들을 만들어가는 것이다.

그러나 교과에 관한 내용 지식만 연구하는 것으로 수업 준비가 끝나는 게 아니다. 학생들에게 도움이 되는 수업 운영을 위해서는 적절한 수업 방법들도 연구해야 한다. 최근 교육계는 다양한 수업 방법들이 개발되어 제시되고 있고, 또한 이를 적극적으로 수업에 활용해볼 것을 권장하는 분위기이다.

내용 지식과 수업 방법에만 관심을 기울이는 교사들

최근 개정된 교육과정은 단편적인 지식의 암기보다는 핵심개념과 일반화된 지식의 심층화된 이해와 역량 강화를 더욱 강조하고 있다. 아울러 수업 상황에서 자연스럽게 평가도 함께 이루어질 것을 강조하며, 다양한 수업 및 평가의 방법을 제시하고 있는데, 교육과정에 제시되어 있는 수업 및 평가 방법들을 살펴보면 다음의 표와 같다.

| 표 1-1 | 교육과정에 제시된 수업 및 평가 방법

수업 방법	평가 방법
설명식 교수, 탐구 학습, 프로젝트 학습, 토의 및 토론, 실험 및 실습, 협력 학습, 역할 놀이, 매체 및 도구 활용 학습 등	지필(선다형, 서술 및 논술형) 평가, 프로젝트 평가, 포트폴리오 평가, 관찰 평가, 면담 및 구술 평가, 자기 평가, 동료 평가 등

※출처: 교육부, 2015d

그래서인지 교사연수 과정 또한 주로 교수-학습 방법에 관한 내용들이 주를 이루고 있다. 예컨대 전국 시·도 교육연수원의 교원연수 과정만 살펴보더라도, 교수-학습에 대한 내용이 전체 연수의 약 30% 정도를 차지하고 있으며, 이는 자격연수나 임용직무 연수 등을 포함하는 역할수행교육 연수를 제외한 가장 높은 수치이다. 교수-학습에 대한 연수의 내용 중에서 상위를 차지하는 3가지는, 교과 관련 연수(44%), 수업 방법(20%), 교육과정(6%)이었다.[2] 다시 말하면, 교사들은 수업을 잘하기 위해서 폭넓은 교과 지식과 효과적인 수업 방법에 대해서 많은 관심을 가지고 있고, 또 이를 가장 필요로 하고 있다고 해석할 수 있다.

교사학습공동체 활동에서도 이와 비슷한 현상이 나타난다. 교사학습공동체는 교사들의 전문성 개발을 위한 노력의 하나로 학교 현장에서도 빠르게 확산되고 있는 추세이다. 그런데 교사학습공동체에서 다루어지고 있는 주제들을 살펴보면 학생 생활지도나 상담, 행정업무와 관련된 주제보다는 '교과교육 연구 및 수업 개선'과 관련된 것들이 가장 높은 비중을 차지하고 있다는 것을 알 수 있다.[3] 특히, 교과교육 연구 및 수업 개선의 범주에서 교사학습공동체가 다루고 있는 주제들은 교과 내용 탐구나 수업에서 활용 가능한 매체 탐구, 수업 방법 등에 대한 주제들이 대부분이다.

이렇게 볼 때, 수업의 전문성 신장을 위해서 노력하는 교사들 대부분은 다양한 교과 지식들을 연구하고, 효과적인 수업 방법을 학습하며 탐구하는 데 몰두하고 있다고 할 수 있다. 즉 교과의 내용 지식과 수업 방법에만 치중하고 있는 뜻이다. 이러한 노력을 통해 수업 전문가로서 한 걸음 더 나아갈 수 있을 거라는 간절한 희망과 함께 말이다.

---

2. 정성수 외(2017)에 따르면, 2014년부터 2016년까지 18개 시·도 교육연수원의 연수 과정을 분석한 결과 교수-학습과 관련된 연수는 1,180건 이었으며, 그 중에서 교과관련이 520건, 수업 방법이 241건, 교육과정이 75건이었다.

3. 김혁동 외(2017)에서는 경기도의 전문적학습공동체의 현황을 전수 조사하였는데, 이를 '교과교육 연구 및 수업 개선', '생활교육 및 학생 상담', '기타 역량 개발'로 구분하고 있다.

교과 지식만을 추구할 때 마주하는 한계

교사들의 간절한 희망과는 달리 이러한 내용 지식과 수업 방법을 알려주는 다양한 연수들에 참여해도 정작 실제 수업에서는 큰 효과를 보지 못할 때가 많은 것 같다. 즉 투자한 노력에 비해 만족스러운 수업 결과를 얻지 못하고 있다.

가장 흔한 사례로는 수업을 바꾸기 위해서 몇 차례 새로운 수업 방식으로 시도는 해보지만, 그것이 꾸준하게 지속되지 못하고 얼마 후에는 다시 원점으로 돌아오곤 하는 경우이다. 결국 아무리 좋은 것이라도 교사 자신 또는 가르치는 학생들에게 잘 맞지 않으면 원래의 익숙한 방식으로 돌아갈 수밖에 없다는 뜻이다.

어느 교사의 안타까운 이야기를 들어보자.

저는 최고의 수학교사가 되고 싶었습니다. 학생들이 실제 지필평가에서 성취감을 맛보게 해주고 싶었지요. 그래서 저는 매 수업시간마다 어렵다는 온갖 문제집들에 나와 있는 문제들 중에서도, 특히 더 고난도 문제들을 20문제 정도로 편집하여 학생들에게 나누어주고 함께 풀어보고 질문을 받았습니다. 그리고 단원이 끝날 때마다 학생들이 자신의 학습 수준을 확인할 수 있도록 이러한 문제들 중에서 일부를 쪽지시험으로 보았지요. 저는 이런 수업을 준비하기 위해서 5권 정도의 문제집은 늘 미리 풀어보고, 그중에서 어려운 문제들을 골라서 편집하여 학생들에게 제공하였으며, 학생들의 평가를 위해서 시험지를 만들고, 매주 확인하고 채점하는 일을 반복하였습니다. 그러나 어찌 된 일인지 보람이 없더군요. 저는 이렇게 열심히 노력하고 있는데, 정작 학생들은 제 기대와는 달리, 열심히 노력하는 모습을 보이지 않아 안타까웠습니다.

짧은 이야기이지만, 많은 생각할 거리를 안겨준다. 이 교사는 분명 의욕도 넘치고, 그만큼 열심히 노력하는 열혈 교사이다. 시중에 있는 다양한 문제지들을 구해서 풀어보고, 그중에서 다시 어려운 문제들을 선별해서 학생들과 함께 풀어보기 위해 분명 교사의 개인적인 시간까지도 상당히 할애해야 했을 것이다. 그런데 필자는 이 교사의 노력에 대해서 여러분에게 묻고 싶다. 이 교사의 노력이 과연 학생의 배움을 성장시키는 수업 전문성 향상으로 이어질 수 있을까? 여러분은 어떻게 생각하는지 궁금하다.

　필자는 사실 이 교사에 대해서 너무나도 잘 알고 있다. 이 교사는 고등학교에서 수학 교사로 근무하고 있으며, 다른 어떤 교사보다도 어려운 수학문제를 잘 풀고, 학생들의 어떤 곤란한 질문에도 당황하지 않고 대답할 수 있는 그런 교사가 되고 싶었다고 했다. 그렇기 때문에 평소 스스로 누구보다 열심히 문제를 풀어보고, 그런 문제들을 학생들과 함께 풀고 또 틈틈이 쪽지시험으로 평가까지 하면서 애를 쓴 것이다.

물론 필자는 이 교사의 노력을 폄하할 생각은 없다. 나름대로 수학 수업의 전문가가 되기 위해서 열심히 노력했다고 생각한다. 다만 이 수학교사가 생각한 수업 전문성이란 아마도 교과 내용에서의 전문성에 국한되었던 게 아닐까 하고 짐작된다.

과거 수업에서는 지식 전달이 중요한 목적이었다. 그러한 패러다임 안에서는 교사가 수업에서 항상 학생들보다 지적 우위를 차지하고 있어야 했다. 그래야 학생들에게 정확한 지식을 전달해줄 수 있고, 그들의 지적 수준 또한 한층 끌어올려줄 수 있기 때문이다. 그것이 아마도 과거의 교사들에게는 가장 중요한 사명이자 역할이었을 것이다. 그러나 4차 산업혁명과 미래교육을 부르짖고 있는 지금의 현실 상황에서 지식은 더 이상 예전과 같은 가치를 발휘하지 못한다. 그러므로 오직 교과의 내용 지식에 대한 전문성만으로 교사의 수업 전문성을 확보하려는 것은 다소 무리가 있다고 본다.

수업 방법만을 추구할 때 마주하는 한계

내용 지식과 더불어 이야기하고 싶은 또 한 가지는 수업 방법에 관해서다. 앞에서도 설명했지만, 이미 수업에 활용 가능한 방법들은 다양하게 교실 현장에 소개되고 또 제시되고 있다. 거의 모두 학생들을 배움의 주체로서 수업에 적극적으로 참여시키는 데 좋은 방법들이다. 하지만 정작 문제는 다른 곳에 있다. 학생들이 수업에 적극적으로 참여했다는 사실만으로 과연 배움으로 이어질 수 있을까? 안타깝지만 학생들의 참여만으로는 그들의 성장을 보장할 수 없는 게 현실이다.

예컨대 어떤 교사가 토론 수업을 실시했다고 하자. 여기서 단지 학생이 토론 수업에 참여했다는 것 자체가 중요할까? 아니다. 정작 중요한 것은 토론 수업을 통해 학생들이 나름대로 자신의 생각을 만들어내고 비록 처음에는 다소 거칠었지만, 그것이 토론의 과정을 거치면서 점차 세련되어지는 과정을 경험하는 것이 훨씬 더 중요하다. 그러나 많은 교사들이 때때로 이러한 본질을 놓치는 경우가 있다. 즉 본질은 간과한 채 그저 토론 수업을 실천했다는 것 자체에 의미를 부여하게 된다는 뜻이다.

이렇듯 교사가 수업 방법 자체에 너무 연연하다 보면 정작 중요한 것들을 놓칠 수밖에 없다. 이후 좀 더 자세히 살펴보겠지만, 거꾸로 교실 수업을 예로 생각해보자. 거꾸로 교실 수업은 학생의 능동적인 학습을 강조한다. 이 수업 방법의 특징은 집에서 학생 스스로 기본적인 내용을 학습하고, 교실에서는 학습 활동을 통하여 혼자서는 잘 이해하지 못한 부분을 해결하거나 사고를 확장시키기 위한 기회가 제공된다. 그러나 이런 좋은 수업 방법에서조차 중요한 것을 놓치는 경우가 있어 보인다.

수업전문성 = 내용 지식 + 수업 방법 + α

거꾸로 교실 수업에서는 집에서 학생 스스로 학습을 할 수 있도록 인터넷 동영상 자료들이 많이 활용되고 있다. 거꾸로 교실 수업을 위해 제작된 동영상들은 인터넷에서 비교적 쉽게 확인해볼 수 있다. 그 이유는 이미 많은 교사들이 그러한 수업 방식을 통해 긍정적인 경험을 하였기 때문이라고 생각한다.

그러나 학생들이 교과서를 활용해서도 얼마든지 스스로 학습할 수 있는데, 마치 반드시 인터넷 동영상을 봐야만 하는 것처럼 이야기한다. 거꾸로 교실 수업에 활용되는 방법이나 기술에 대해서 외현적인 형식이나 틀에만 얽매이다 보면, 정작 이 수업의 원리와 철학이 무엇인지에 대해서는 상대적으로 소홀하게 된다.

과연 학생의 사전 학습이 중요한 것인지, 아니면 수업 준비를 위한 동영상 시청이 중요한 것인지 고민해봐야 한다. 그럼에도 불구하고 동영상 시청이 중요하다고 생각한다면, 펜과 종이 그리고 교사의 손만 나오는 동영상을 보면 학생이 이해할 수 있다고 확신하는 것인지, 아니면 교사가 제공한 동영상을 이해하는 것은 학생의 또 다른 책임으로 남게 되는 것인지도 궁금하다.

학생의 배움이 이루어졌는지에 관한 확인 없이, 자칫 거꾸로 교실 수업을 했다는 사실만으로 교사 스스로 안도하며 자기만족에 갇혀버리는 것은 아닌지 심히 우려스럽다. 특히나 학습 내용에 따라서는 다른 수업 방법이 훨씬 더 효과적일 수도 있음에도, 단지 새로운 수업 방식을 적용해야만 한다는 강박 때문에 잘 맞지도 않는 방법으로 수업을 계속 진행하는 것도 그리 바람직하지 않다.

교육에 대한 요구와 수업에 대한 관점이 급진적으로 변화하고 있는 시대다. 어제의 요구가 오늘은 전혀 다른 국면을 맞이할 수도 있다는 뜻이다. 그렇다면 어제의 요구에 맞춘 방법은 오늘의 요구를 충족시키기에는 거리감이 있을 수 있다. 그렇기 때문에 수업 전문성을 방법적인 측면에서만 접근하는 것은 심각한 문제를 내포할 수밖에 없는 것이다.

따라서 수업 전문성이라는 것은 사회의 변화와 함께 수업에 대한 관점이 어떻게 변화하고 있는지를 우선적으로 이해해야 한다. 그리고 그러한 이해를 바탕으로 내용적인 측면과 방법적인 측면을 함께 고려하는 것이 중요하다.

모든 학생이 배움의 주체가 되는 수업은 어떻게 만들어가나?

앞에서 내용 지식과 수업 방법에만 얽매여 수업 전문성을 높이고자 하는 노력이 실제로는 수업 전문성으로 이어지지 않을 수도 있음을 이야기하였다. 그러한 노력 이전에 학생이 배움의 주체라는 인식이 교사의 머릿속에 자리잡고 있어야 한다. 내용 지식과 수업 방법에 대한 고민과 노력을 하면서, 동시에 어떻게 해야 학생들을 배움에 이르게 할 수 있을지를 함께 고민해야 한다. 사실 교사가 좋은 것을 학생들에게 가르치고 싶어서 아무리 많은 것을 준비했다고 해도 정작 학생들에게 받아들일 마음이 없으면 결코 좋은 수업이 될 수 없을 것이다. 따라서 모든 학생들이 적극적으로 배움에 임할 수 있는 수업 디자인을 고민해야만 한다.

학생을 바라보는 관점의 변화

물론, 최근의 수업 방법들을 잘 살펴보면, 이러한 학생 중심의 수업 디자인도 고려하고 있다. 수업 운영에 활용할 수 있는 다양한 방법과 기법들 중에서 수업에 대한 기존의 관점을 완전히 바꾼 방식이 있다. 대표적인 것이 현장 교사들에 의해 개발된 거꾸로 교실 수업[4]^{Flipped learning}이다.

앞에서도 잠깐 설명했지만, 거꾸로 교실 수업은 학생들의 자기 주도적인 선행학습 후에 수업이 이루어지는 '역진행 수업'을 말한다. 교사가 학습내용을 학생들에게 가르쳐주는 전통적 수업 방식

---

4. 거꾸로 수업(Flipped learning)을 개발한 당시 Jonathan Bergmann과 Aaron Sams는 Wood-land Park 고등학교의 화학교사였다. 거꾸로 수업은 학생 스스로 교과 내용을 집에서 학습하여 이해하고, 학교에서는 활발한 교사와 학생, 학생과 학생 간 활동을 통하여 학습을 촉진시키는 방법이다.

과는 반대로 학생들이 미리 내용을 학습한 뒤 실제 수업에서는 교사와 함께 토론이나 과제 풀이 등을 하는 수업 방식이다. 거꾸로 교실 수업의 특징을 살펴보고, 그러한 특징을 전통적인 교실 수업의 특징과 서로 비교해보면 수업에서 학생에 대한 관점의 변화가 어떻게 이루어지고 있는지에 대해서 자연스럽게 생각해볼 수 있다. 다음의 표는 전통적인 교실 수업과 거꾸로 교실 수업을 서로 비교해본 것이다.

| 표 1-2 | 전통적인 교실 수업과 거꾸로 교실 수업의 특징 비교

구분	전통적인 교실 수업	거꾸로 교실 수업
수업 방식과 내용	교사의 강의 중심으로 교과 지식을 전달하는 가르침(teaching)이 중심	미리 보고 온 교과 내용에 대한 이해와 심화를 위한 학생의 활동과 배움(learning)이 중심
교사 역할	지식 전달자 / 통제적인 훈육자	학습 촉진자 / 조력자
교사-학생/ 학생 간 상호작용	교사-학생 간 / 또래 간 제한적 상호작용	교사-학생 간 활발한 상호작용 / 또래 학습의 촉진
수업 분위기	통제적 분위기로 학생들은 대부분 수동적	자유로운 분위기로 학생들의 적극적인 참여로 이루어짐

※출처: 이민경, 2014

위의 표에서 정리한 것처럼, 전통적 수업의 특징인 가르침[teaching]은 거꾸로 교실 수업에서 배움[learning] 중심으로 변화되었다. 즉 수업이 교사에서 학생을 중심으로 변화하고 있음을 알 수 있다. 이러한 변화 속에서 우리 교사들이 주목해야 할 것은 학생을 중심으로 이루어지는 수업 방식의 변화 그 자체보다 그러한 변화를 통해 일어나게 될 학생들의 배움과 성장에 관해서일 것이다. 그리고 배움과 성장은 몇몇 우수한 학생을 위한 것이 아니라 모든 학생을 아우르는 것이어야 한다.

'교사와 교사가 바라보는 지식'에서 '학생과 학생이 바라보는 지식'으로

우리나라 교육에서 교사가 아닌 학생들이 그 중심을 차지하기 시작한 것은 1997년 7차 교육과정부터라고 할 수 있다. 7차 교육과정은 1995년 교육개혁위원회가 그동안의 '교육공급자 편의 중심의 경직된 교육'을 비판하면서 교육수요자 중심의 교육을 추구한 것이 바탕이 되었다.

그러나 이때 발생한 문제가 있다. 학생이 교육의 주체성을 회복하고 학교와 수업의 중심으로 급부상하게 되면서, 교사의 역할과 비중이 표면적으로 가려지게 된 것이다. 하지만 실제로는 학생을 교육주체로 세우려면 교사들은 이전보다 훨씬 더 많은 노력을 기울여야 한다.

따라서 학생을 배움의 주체로 세우기 위해 꼭 필요한 교사들의 역할은 오히려 현 시대에 더욱 강조되어야만 하는 것이다. 그러나 단순히 학생이 배움의 중심이 되어야 한다고만 했지, 이를 위해서 교사가 구체적으로 어떤 역할을 수행해야 하는지, 진정한 의미의 학생 중심을 실현하려면 수업에서 어떤 식으로 구현되어야 하는지에 대해서는 명확히 밝혀주지 않았다. 구체적인 논의들은 그저 학교 현장에 맡겨졌을 뿐이다.

배움에서 소외되는 학생들이 없는 또 학생이 배움의 주체가 되는 학생 중심 수업을 실현하기 위해 수업심리학의 관점에서 교사는 어떤 역할을 수행해야 하는가? 그러한 역할을 위해 또 어떤 지식과 자질, 시각, 태도 등을 갖춰야 하는가? 이에 대한 것들이 바로 이 책에서 다루어 보고자 하는 핵심 내용이다.

교과에 대한 전문적인 지식을 확대하고, 다양한 수업 방법들을 습득하는 것은 분명 좋은 수업을 만들어가는 데 중요한 요소임에는 분명하다. 하지만 그것에만 매달려서는 뭔가 부족하다.

교과에 대한 전문 지식과 다양한 수업 방법만으로 수업 전문성 확보에 부족함이 생기는 이유는 바로 가장 중요한 고민, 즉 학생 개개인에 대한 고민이 빠졌기 때문이 아닐까? 이것은 특정 장소에 대한 정보와 이동 수단은 철저히 준비하였으나, 정작 왜 그곳에 가야 하는지 그 이유나 목적은 불분명한 것과 비슷한 상황에 비유할 수 있다.

현재 학생을 배움의 주체로 두는 수업으로 변화가 요구되고 있다는 것은 분명한 사실이다. 그런데 학생 중심이라는 것은 좀 더 교육의 본질적인 측면에서부터 생각해야 하는 부분이다. 수업을 구성하는 요소는 기본적으로는 교사와 학생 그리고 지식(또는 교과)이다. 기존에는 수업이 교사와 교사가 바라보는 지식에 초점을 맞추고 있었다고 이야기할 수 있다. 하지만 우리가 앞으로 해야 하는 수업은 학생과 학생이 바라보는 지식에 좀 더 초점을 맞추어야만 한다. 그리고 여기서 말하는 학생이란 몇몇 뛰어난 학생이 아니라 모든 학생을 포괄하는 것이어야 한다. 그렇게 할 수 있을 때 비로소 학생이 배움의 주체가 되는 진정한 학생 중심 수업을 실현할 수 있을 것이다.

학생의 내면에 가르침과 배움의 길이 존재한다

교사의 수업 전문성과 관련해 마지막으로 한 가지 더 살펴보고 싶은 것이 있다. 바로 학습자인 학생의 심리적 요인에 관해서다. 교사들의 전문성 신장을 위해서 현재 제공되고 있는 다양한 연수들이나 교수-학습 자료들은 분명 수업 성장에 도움을 줄 만한 유용한 것들이다. 그러나 열심히 참여해서 들었던 연수 강사들의 경험이나 우수 사례, 교수-학습 자료들을 막상 자신의 수업에 직접 적용해볼 때면, 생각만큼 잘 맞지 않는 경우가 꽤 많다.

물론 잘 안 되는 이유에는 여러 가지가 있을 수 있다. 학교의 지원과 같은 물리적 여건에서 차이가 있을 수 있으며, 학생들의 수준이나 성향 등 구성에 있어서의 차이 또한 큰 영향을 미치게 된다. 특히 어떤 학생들로 구성되었는지, 즉 가르치는 학생들이 가진 특성의 차이는 수업을 만들어가는 과정에서 교사에게 전혀 다른 교육적 의도를 지니게 한다.

예를 들어, 읽기 능력이 부족한 학생들과 수업을 하게 된다면, 교사는 의도적으로 수업에서 읽기 능력을 숙달시킬 수 있는 기회를 제공한다든지, 아니면 읽기 자료를 줄이고 그림이나 동영상을 더 제시하는 방향으로 수업을 디자인해야 한다. 그러나 이와 같은 수업 디자인이 계산 능력이나 가창 능력이 부족한 학생들에게도 의미가 있을지는 알 수 없다. 다른 특성의 학생들과 수업을 하게 될 때에는 그에 맞도록 교사의 수업 디자인이 의도적으로 달라져야 하는 게 당연하다. 따라서 수업은 연수에서 보았던 일부 우수 사례를 무작정 따라하는 것에서 시작할 게 아니라, 바로 자신이 가르쳐야 하는 학생들 각각을 수업심리학적 관점에서 이해하려는 노력에서 시작되어야 하는 것이다.

수업 전문성을 위해 필요한 교사의 역량

잠시 수업 전문성이라는 것에 대한 전문가들의 연구를 살펴보기로 하자. 수업 전문성에 대한 여러 가지 연구들 중에서 손승남 (2005)은 수업 전문성을 '교직관', '수업 준비도', '전문지식', '학생 이해 능력', '교육적 지혜', '수업 방법', '수업 기술', '매체활용 능력', '평가 능력', '피드백', '학급경영 능력' 등의 11가지 요소로 보았다. 이 연구를 통하여 교사들이 수업 방법과 기법의 측면뿐만 아니라 연구 능력과 반성 능력도 강조되어야 한다고 주장하며, 교과에 대한 전문성을 강조하였다. 허수미(2013)는 수업 전문성을 위해 가져야 하는 핵심능력으로 '교육과정 해석, 재구성 및 자신의 수업에 대한 반성적 성찰', '수업목표 설정 과정을 통해 자신만의 교육적 의도와 가치를 담아내고 실천할 수 있는 능력', '학습자 및 학습 환경의 다양성에 맞추어 학습동맹이 가능한 수업 문화를 창출해내는 능력'이라고 하였다.

이를 종합해보면, 교사의 수업 전문성이라는 것은 결국 세 가지 측면으로 나누어봐야 함을 알 수 있다. 즉 **교과 내용**에 있어서의 전문성, **수업 운영**에 있어서의 전문성, **학생 이해**에 있어서의 전문성이다. 이로 미루어볼 때, 수업 전문성이란 교사의 어느 한 가지 역량만으로 한정될 수 있는 것이 아니며, 이 세 가지의 전문성이 골고루 갖춰져야 함을 알 수 있다. 교과 내용과 수업 운영 및 학생 이해의 각 측면은 각각 어떤 요소들을 담고 있어야 하는지를 표 1-3과 같이 정리해보았다.

| 표 1-3 | 교사의 수업 전문성 영역과 구성요소

교과 내용	수업 운영	학생 이해
수업 준비도, 전문 지식, 교육적 지혜	교직관, 수업 방법, 수업 기술, 매체활용 능력 평가 능력, 피드백	학생이해 능력, 학급경영 능력
교육과정 해석과 재구성	교육적 의도와 가치가 담긴 수업 실천, 수업에 대한 반성적 성찰	학습자 및 학습 환경의 다양성 이해

학생들 각자의 다채로움을 살리는 수업이란?

공교육에서 학생이 배움의 주체가 되는 학생 중심 수업을 진행하는 궁극적인 목적은 일부 우수한 몇몇이 아닌 모든 학생의 성장을 돕는 데 있다. 이를 제대로 달성하려면 교사의 수업 전문성 역량을 학생 개개인에게 집중할 수 있어야 할 것이다. 그런데 우리 교사들이 매일 교실에서 만나게 되는 학생들은 매우 다채롭다. 단한 명도 똑같은 학생이 없다고 봐야 한다.

학생들의 다양성은 무지개 색깔에 비유할 수 있을 것이다. 무지개는 몇 가지 색깔일까? 이러한 질문을 던지면 대부분 일곱 가지 색깔이라고 대답한다. 일반적으로 우리는 무지개를 그릴 때, 자연스럽게 일곱 가지 색깔만을 이용해서 그린다. 하지만 무지개의 색깔은 겨우 일곱 가지로 단출하게 이루어지지 않았다. 사실 무지갯

빛은 빨간색부터 보라색까지 색의 변화가 끊임없이 다채롭게 연결되어 있다. 심지어 빨간색과 보라색 너머에는 우리 눈으로 볼 수 없는 수많은 색들이 존재한다.

이토록 무한대의 다채로움을 무시한 채, 그저 보이는 대로 적당히 분절시켜 단순화해버리는 것이야말로 우리 교육이 과거부터 지금까지 학생들에게 가해온 일종의 폭력, 즉 획일적 교육의 모습이 아닐까? 학교에서 우리 교사들이 만나게 되는 학생들도 숨겨진 무지갯빛처럼 매우 다채롭기 그지없다는 점을 잊지 말아야 할 것이다. 학생들 각자가 내면에 간직하고 있는 이러한 다채로움을 무시한 채 이루어지는 획일화된 수업의 한계는 명확하다. 수업을 통해 학생 저마다의 고유한 빛이 발휘되도록 도와줄 수 없음이 자명하기 때문이다. 이러한 수업은 결국 학생들로부터 외면당할 수밖에 없고, 가르침과 배움의 간극만 점점 더 넓힐 뿐이다.

이제는 교사들이 학생들마다 지니고 있는 그들 고유의 색들을 유심히 살펴볼 때가 아닐까? 표준화된 획일적 인재 생산의 목적을 넘어서서 모든 학생들이 각자의 방식으로 성장을 추구하는 수업으로 변화되어야 한다. 이를 위해 학생들 각자가 지니고 있는 고유의 색들을 발견해내고, 그것이 더욱 선명하게 빛날 수 있도록 도와줄 수 있어야 한다. 그러나 교실마다 일괄된 방법으로 적용되는 수업이라면 이러한 부분을 놓칠 수밖에 없을 것이다.

그럼에도 불구하고 안타까운 점은 현재 많은 교사들이 학생들이 배움을 성장시킬 수 있는 수업을 만들어가는 '수업 전문가'가 되기를 원하면서도, 내용과 방법의 연구에만 집중한다는 것이다. 정작 '학생' 자체에 대한 고민은 상대적으로 부족한 편이다. 따라서 교사들이 수업심리학을 만나야 하는 것이다.

학생에 대한 이해를 바탕으로 더욱 성장하는 수업 전문성

우리 교사들이 진정한 수업 전문가가 되려면 수업심리학의 관점에서 학생들 각자를 이해하려는 노력이 선행되어야 할 것이다. 학생들에 대한 이해는 수업의 준비와 실행 과정을 변화시킨다. 단순히 좋다고 널리 알려진 수업 방식을 도입하는 차원이 아니라, 그때그때 학생들의 상황과 필요에 따라 교사가 제공되는 수업 또한 달라져야 한다. 이러한 수업의 구현은 비단 학생의 배움만 성장시키는 것이 아니라 교사의 가르침도 함께 성장시키게 된다. 교사와 학생 모두에게 진정한 의미의 성장을 이끌어내는 수업이 되는 것이다.

이러한 관점에서 볼 때, 수업 전문가로서 갖추어야 할 중요한 역량이라는 것은 학생들에 대한 이해를 바탕으로 교사와 학생, 학생과 학생, 학생이 가지고 있는 지식과 배우게 되는 지식의 **관계**를 잘 만들어주는 것이라고 정의할 수 있다. 이러한 것들이 반영될 때 비로소 좋은 수업을 만들어갈 수 있을 거라 생각한다.

하지만 수업시간에 학생들을 잘 이해할 수 있으려면 교사에게는 학생들을 바라보는 연습이 필요하다. 이는 그저 수업시간에 드러난 겉모습을 주시하는 데 그치지 않는다. 우수한 학생이든 조금 부족한 학생이든 그 나름의 성장을 이루며 잘 배우고 있는지를 볼 수 있어야 한다는 뜻이다. 바로 이를 위해 학생들 각자의 특성을 이해하기 위한 노력이 선행되어야 한다는 것이다. 왜냐하면 학생들의 특성에 대한 이해가 선행되어야 학생들이 보이는 태도나 모습에 숨어 있는 의미를 발견하고 제대로 해석할 수 있기 때문이다.

수업심리학은 학생을 바라볼 때는 외적인 행동으로 나타나는 현상을 넘어, 더 본질적이고 심리적인 측면에 초점을 맞춘다. 학생들의 심리적인 측면에 대해서 교사가 이해하고 집중하는 것은 학생이 수업시간에 경험하게 되는 여러 가지 어려운 점이나 문제점을 파악하는 데에도 큰 도움을 주기 때문이다. 그리고 이렇게 학생들의 어려운 점이나 문제점에 대해서 제대로 인식하게 되면, 교사는 이에 부합하는 맞춤형 대응을 할 수 있게 될 것이다. 이를 통해 수업은 궁극적으로 교사의 가르침과 학생의 배움 사이의 간격을 줄이고, 모든 학생과 교사의 성장이 함께 이루어지는 소중한 시간이 될 것이다.

02
수업심리학의 존재 이유는
모두의 성장을 이끌어내는 실천에 있다

우리는 앞에서 수업 전문성을 높이기 위해 노력하는 교사들의 모습과 함께 진정한 의미의 수업 전문성 향상을 위해서 무엇이 강조되어야 하는지에 관해 살펴보았다. 아울러 교사의 가르침과 학생의 배움 사이에 존재하는 간극을 줄이기 위해서는 수업의 방법이나 내용 지식에 관한 고민도 중요하지만, 우선 학생 개개인의 특성을 이해하려는 노력을 바탕으로 학생 중심 수업을 실천해야 한다고 이야기했다.

그런데 수업을 통하여 가르침과 배움 사이의 간격을 줄이고 모든 학생의 성장을 이끌어내려면, 교사가 학생의 심리적 측면에서 접근하려는 노력이 꼭 필요하다. 대부분의 교사들이 심리학이라는 학문과 관련해서 학부 시절 교육심리학을 수강한 경험이 있을 것이다.

그렇지만 그저 학교 현실과는 다소 거리가 있는 이론적 지식에만 머물러 있을 뿐, 대부분의 교사들이 교육심리학에서 배웠던 학생들의 심리적 측면에 관한 내용들을 수업시간에 적극적으로 활용하고 있지는 않다.

이러한 현상에 대해서는 두 가지 정도의 이유를 생각해볼 수 있을 것이다. 첫째는 앞서 살펴본 것처럼 많은 교사들이 그동안 가장 중요한 것은 수업의 방법과 기술이라고 이해하며, 그에 관해서만 주목해왔기 때문일 것이다. 이러한 관점에서 학생의 내적이고 심리적인 상태는 당연히 고려 대상이 아니었을 것이다.

둘째는 교사들이 학교에서 배웠던 교육심리학은 실천적 관점보다는 이론적 관점에서 접근되었기 때문일 것이다. 이론적 관점은 실천의 기반이 되기도 하지만, 바쁘게 돌아가는 학교 현장에서 교사들이 그러한 연결고리를 일일이 찾아내 각기 의미를 부여한다는 것은 안 그래도 해야 할 일들이 넘쳐나는 와중에 감당하기 어려운 일이기 때문이다.

교육심리학?
수업심리학!

학교 현장에서 교사들이 수업을 디자인할 때 교육심리학에서 배운 지식들을 연계하는 경우는 드물다고 해도, 많은 교사들이 최소한 교육심리학이라는 용어 자체만큼은 그리 낯설지 않을 것이다. 반면 **수업심리학**이라는 용어는 다소 낯설게 느껴질지 모르겠다.

간단히 정의를 짚어보면 교육심리학이란 인간 행동의 바람직한 변화를 심리학적인 방법의 적용을 통하여 교육의 효과를 제고시키고자 하는 학문이다. 이를 위해서 교육의 시기와 방법을 심리학적 측면에서 연구하여 교육 실천에 필요한 기술과 지식을 제공하고, 교육이 효과적으로 운영되도록 하는 것을 목적으로 한다(김청자, 2009). 교육심리학이 다루는 연구 영역은 학자들마다 약간씩 차이가 있는데, 그 요소들을 대략 정리해보면[5], 주로 '성장과 발달', '학습영향요인', '수업(교수-학습과정)', '지능과 창의성', '생활지도 및 상담에 대한 이해', '교육평가' 등이다.

가르침과 배움에 실질적 도움을 주는 수업심리학

그렇다면 수업심리학이란 무엇일까? 수업심리학에 대해서 임창재(2010)는 교사가 어떤 방법으로든 학습자가 수업목표를 달성할 수 있도록 도와주어야 하는데, 이때 수업심리학이라는 것이 교사에게 유용하고 필요한 심리학이라고 하였다. 왜냐하면 심리적인 측

5. 김청자(2009), 《교육심리학의 이해》, 서울 : 동문사

면을 고려하는 것은 수업에 관한 개념을 확립하거나 수업 활동을 계획 및 실천하는 데 대한 관점을 마련하기 위해서 반드시 선행되어야 하는 과제이기 때문이다.

수업심리학에서 주로 다루고 있는 연구 영역들 또한, '성장과 발달', '교수-학습', '학습영향 요인[6]', '학습자의 특성지능, 창의성, 수업효과 제고 방안' 등이다. 전체적으로 살펴볼 때는 교육심리학이 추구하는 목적과 수업심리학이 추구하는 목적이 서로 비슷하게 보인다. 양쪽 모두 '학생'과 '교수- 학습 과정'에 대한 연구를 하고, 교수-학습 과정에서 교사의 '수업'과 학생의 '배움'에 도움을 주는 것을 지향하고 있기 때문이다. 하지만 수업심리학은 학생들의 다양한 특성이 학습에 어떤 영향을 미치는지를 연구하고, 이를 다시 수업에 적극적으로 활용하는 데 초점을 맞추는 좀 더 실용적인 학문이다. 이 이야기를 좀 더 자세히 해보자.

교실이라는 특수한 상황에 좀 더 초점을 맞추다

교육심리학과 수업심리학이 다루는 세부 연구 분야는 분명 차이가 있어 보이기도 하지만, 현재 수업심리학이라는 이름으로 나와 있는 책들을 살펴보면 다분히 연구적이고 학문적인 관점에서 수

---

6. 학습영향요인에 대해서는 기억, 망각, 연습, 전이, 동기, 불안, 학습 환경 등에 대한 내용들을 교육심리나 수업심리 모두에서 다루고 있다.

업심리학을 설명하고 있는 경우가 대부분이다. 아직까지는 교사들에게 교육심리학과 수업심리학은 모두 여전히 학문적인 측면이 강하며, 더군다나 이 둘을 학문적인 관점에서 구분하는 것조차도 명확해 보이지 않는 게 사실이다.

하지만 수업심리학은 분명 우리가 기존에 알고 있던 교육심리학과는 결이 다른 지점이 존재한다. 현장 교사들이 수업심리학을 치열한 수업 실제와는 동떨어진 그저 고상한 학문적 이론에 불과할 뿐일 것이라는 편견을 갖지 않도록 교육심리학과의 차별화를 위해서 몇 마디 더 덧붙이려 한다.

교육심리학은 일반적인 교육과 심리학 사이의 접목을 시도한 학문이다. 이에 반해, 수업심리학은 교실이라는 특수한 상황에 좀 더 초점을 맞추고 있다. 따라서 수업심리학이라는 분야라면 수업에 직접적인 도움을 줄 수 있어야 한다. 이를 위해서 그저 다양한 학문적 이론들을 소개하여 줄줄이 나열하기보다는 더욱 실천적, 구체적으로 실제 수업현장에 필요한 내용들에 대해서 제공하되, 심리적인 측면을 중심으로 수업에 접근할 수 있도록 도와야 한다. 하지만 그저 학습자, 즉 학생들의 심리적 측면을 이해하는 데 그쳐서는 안 된다. 그러한 심리적인 측면에 대한 이해를 기초로 수업이라고 하는 특수한 상황 속에서 학생 개개인의 변화에 관심을 집중하여, 각 학생들의 성장을 도모할 수 있도록 교사들에게 실질적인 아이디어를 제공할 수 있어야 한다.

수업심리학의 지향점은 결국 모든 학생의 성장과 발전

오늘날의 교육에 있어 학생은 교사가 전달해주는 지식을 가만히 앉아서 흡수하는 데 그치는 소극적 존재에 머물러 있을 수 없다. 이제 우리나라도 교사가 아닌 학생을 교육의 주체로 봐야 한다는 시점의 전환이 본격적으로 이루어지고 있다.

학생 중심 수업 또한 이러한 시점의 전환과 함께 더욱 주목을 받게 된 것이다. 그렇다면 학생 중심의 수업에서 가장 중요하게 고려되어야 하는 부분은 무엇일까? 아마도 학생의 성장, 배움의 성장일 것이다. 이는 앞에서도 교사가 교과 지식이나 수업의 방법에서의 전문성을 추구하기에 앞서 가져야 할 기본적인 교육 철학이라고 언급한 바 있다.

그런데 여기서 우리는 성장의 대상이 누구인지에 다시 주목해야 한다. 엘리트 교육을 앞세운 과거에는 몇몇 뛰어난 학생만이 성장의 대상으로 고려되었다. 즉 과거의 공교육은 수업에 따라오지 못하는 다수의 학생들을 외면해온 것이 사실이다. 하지만 지금의 공교육이 지향해야 할 성장 대상은 비단 우수한 몇몇 학생에게만 국한되지 않는다. 진정으로 학생의 성장을 추구하는 수업이라면 잘하는 학생은 잘하는 수준에서 더욱 성장할 수 있어야 하고, 현재 조금 부족한 학생도 그 나름의 성장을 계속할 수 있도록 지원해주는 노력이 필요하다. 즉 모든 학생이 성장의 대상이 되어야 한다는 뜻이다.

이를 위해서 이 책에서는 수업심리학을 기반으로 교사들에게 다음의 세 가지에 주목할 것을 제안한다.

- 첫째, 학생의 성장을 돕는 데 중요한 학생의 심리적인 특성을 파악한다
- 둘째, 학생의 심리적인 특성을 확인하고 배움의 기회를 포착하여 이를 수업시간에서 의미 있게 활용할 수 있는 교사의 수업 능력을 파악하고 키운다.
- 셋째, 이를 기반으로 하여 수업을 준비하고 실천하려는 노력을 기울인다

앞으로 이 책에서는 바로 이러한 내용들에 대해서 집중적으로 알아볼 것이다. 특히, 수업심리학에서 주목하는 비교적 최근의 이론들을 살펴보고, 이를 실제 수업에서의 실천에 어떻게 연결시킬 수 있는지 구체적 사례를 통해 제시해보려 한다.

학생과 교사, 모두의 성장을 위한 수업심리학

지금까지 1부에서는 학생 중심 수업을 올바로 실현하기 위한 수

업심리학의 지향점과 우리 교사들이 추구해야 하는 수업 전문성의 의미와 방향은 무엇인지 살펴보았다. 그리고 이러한 수업을 실현하는 데 기반이 될 수 있는 수업심리학의 개념적 정의와 교사가 자신의 수업을 더 좋은 수업으로 만들어가는 데 수업심리학이 어떤 도움을 줄 수 있는지 등에 대해서도 엿보았다. 앞으로 이 책에서는 수업심리학의 이론뿐만 아니라, 수업심리학을 바탕으로 어떻게 실제 수업을 디자인하고 또 실천하며, 평가할 것인지에 대해서도 자세히 살펴볼 것이다.

다만 2부에서는 수업심리학을 기반으로 한 수업 실천에 앞서 교사가 알아두어야 할 학생들의 심리적 특성과 관련된 기본적인 이론을 좀 더 다룰 것이다. 배움은 자연스러운 상호작용을 통해서 학생이 능동적이고 주체적으로 구성하는 것이어야 한다. 이와 같은 **학습 구성**의 원리와 **인지발달**의 특성에 대해서 이론적으로 접근해보고, 아울러 이를 구현하는 수업 이론에 대해서도 알아보려 한다. 다만 오해가 없었으면 하는 점이 있어 미리 밝혀두고자 한다. 이 책에서 제시하는 수업심리학의 이론은 현실과 동떨어진 학문 그 자체로서 존재하는 것이 아니다. 또한 어떤 특정한 절차라든가 수업의 틀을 제공하려는 목적이 아니라, 학습이 이루어지는 학생의 심리학적인 기재를 중심으로 수업 이론을 설명함으로써 교사들이 실제로 수업을 디자인할 때 도움을 주기 위함이다.

수업을 진행하다 보면 학생들의 문제행동이 나타기도 하고, 심지어 학생과 교사 간의 갈등이 나타나기도 한다. 이러한 모든 문제 상황을 올바로 이해하기 위해서 학생들의 행동 이면에 숨겨져 있는 감정과 **욕구**가 무엇인지를 살펴보는 것은 꼭 필요하다.

또한 최신 개정 교육과정에서는 교과 지식 이외에도 학생들이 습득할 수 있도록 제시하고 있는 역량의 개념이 있다. 이 **역량**의 개념을 교과별로 폭넓게 살펴보되, 이 중에서 중요하게 생각되는 핵심역량 중 하나인 창의성에 대해서는 좀 더 자세히 살펴볼 것이다. 이러한 역량과 창의성에 대해 교사들이 제대로 이해할 때, 이를 학생들이 습득하고 강화해갈 수 있는 수업을 만들고 또 실행해 나가는 데 분명 도움을 줄 거라고 믿기 때문이다.

이후에서는 학생의 심리적 특성을 확인하고, 이를 활용하는 데 필요한 교사의 수업역량에 대해서 다룰 것이다. 교사가 학생의 성장을 확인하기 위해서는 학생에 대한 세밀한 관찰과 탐구가 필요한데, 이를 위해서 교사는 학생의 심리적인 활동에 **주목**하고 학습의 기회를 잘 포착하여 활용할 수 있어야 한다.

또한 주목한 것을 바탕으로 학생이 배움의 기회를 놓치지 않고 살려나가도록 전문적인 도움을 제공하되, 가급적 즉각적이고 개별적으로 제공할 수 있어야 할 것이다. 물론 필요에 따라서 교사는 학생에게 질문도 하고, 학생의 질문에 답변도 한다. 이때 교사와 학생 간의 소통 수단으로 가장 많이 활용되는 것이 **담화**이다. 그렇기 때문에 담화가 무엇이고, 배움에 어떤 역할을 하는지에 대해서도 살펴볼 필요가 있다.

아울러 수업의 성장을 위해서 수업에 대한 관찰과 성찰이 강조되고 있다. 이를 위해서는 교사도 수업에 대해서 연구자적인 관점에서 성찰과 개선의 과정을 지속적으로 반복하며, 수업을 발전시켜나갈 수 있어야 한다. 이러한 측면에서 볼 때 **실행연구**라는 연구방법은 현장교사들에게 분명 의미 있는 도움을 줄 수 있다고 생각해 이에 대한 내용도 함께 다루었다.

무엇보다 수업심리학을 기반으로 실제 수업을 어떻게 **실천**하고 **평가**할 것인지에 관한 과정과 사례를 제시할 것이다. 교사가 수업을 준비하고 디자인하는 단계에서는 가장 먼저 교육과정에 대한 충분한 이해가 필요하다. 교육과정이라는 것은 말하자면 수업 운영을 위한 국가 수준의 가이드라인이라고 할 수 있다. 교사는 이러한 교육과정을 학교의 실정과 가르치는 학생의 특성, 교사 자신의 교육적 가치나 의도에 바탕을 두어 **재해석**하는 과정이 필요하다. 이를 통하여 학습 목표를 여건에 따라 구체적으로 세분화하여 정하고, 학생들의 반응들을 예상하여 교사의 대응 방안도 사전에 준비할 수 있다.

수업 운영 중에는 학생들의 활동을 유심히 관찰하고, 이를 기록으로 정리하여 학생에게 의미 있는 배움과 성장이 일어날 수 있도록 피드백을 제공해야 할 것이다. 무엇보다도 수업을 종료한 이후에는 교사 자신의 수업 운영 결과들을 정리하며 성찰의 기회를 갖는 것이 중요하다. 이를 통해 개선 방안을 탐구하여 다음 수업에 적용하면서 성찰과 개선의 과정의 선순환을 지속적으로 실행해나 간다면 분명 학생의 배움은 물론 교사의 수업 전문성도 함께 성장 해나갈 수 있는 좋은 수업을 만들어갈 수 있을 거라고 믿어 의심 치 않는다.

1부를 마치며

많은 교사들이 나름대로 수업에서 전문성을 키워나가기 위해 노력하고 있습니다. 그런데 아직까지는 수업 전문성을 높이기 위한 노력이 주로 교과 지식과 교수 방법에만 집중되어 있습니다. 하지만 진정한 의미의 수업 전문성 고취를 위해서는 교과 내용과 수업 방법은 물론 학생에 대한 깊은 이해가 필요하다고 생각합니다. 특히 학생 중심의 수업이 주목을 받고 있는 현 시점에서는 학생 내면에 대한 이해가 우선되어야 할 것이며, 이를 위해 교사들에게 수업심리학적인 관점의 이해는 꼭 필요합니다.

공교육은 학생 모두를 위한 것이어야 합니다. 따라서 수업의 목적 또한 능력이 뛰어난 몇몇 학생들을 위한 전유물이 되어서는 안 됩니다. 수업은 잘하건 부족하건 모든 학생들이 자신의 현재 수준보다 더욱 성장할 수 있는 시간이 되어야 합니다. 이를 위해 교사는 학생들이 배움에 더 가까이 다가갈 수 있도록 그들의 참여를 독려할 수 있어야 합니다. 아울러 학생들이 봉착한 난관들을 해결하면서 성장해나갈 수 있도록 도움을 제공해야 할 것입니다.

학생 중심의 수업을 통하여 학생들의 심리적인 측면에 가까이 다가서기 위해서는 여러 가지 노력이 필요한데, 그중 특히 중요한 것은 다음과 같습니다.

첫째, 학생들의 심리적 특성에 대한 기본적인 이해가 필요합니다.
둘째, 학생들의 심리적 특성을 수업에서 활용할 수 있는 역량이 필요
    합니다.
셋째, 수업의 성찰과 개선을 지속적으로 실천하는 능력이 필요합니다.

앞으로 이어지는 내용을 통해 위 세 가지를 어떻게 수업에 반영하여
교사와 학생이 함께 성장하는 수업으로 만들어갈 것인지 고민해보는
시간이 되었으면 합니다.

우리 교사들에게 현장을 외면하는 고상한 학문적 이론은 그리 매력적인 대상이 아니다. 교실에서 아이들과 만나 가르치고 배우며, 그 과정에서 야기된 온갖 문제들을 직접 몸으로 부딪히며 하루하루 살아가는 교사들에게 현실 여건이 제대로 반영되지 않은 이론은 그저 뜬구름 잡는 허상에 불과할 뿐이다. 하지만 이 장에서는 잠시 수업심리학의 이론을 이야기하려 한다. 구성주의와 인지발달, 역량과 창의성, 욕구 등의 이론을 살펴봄으로써 학생 중심 수업을 실현하는 데 있어 우리가 왜 수업심리학에 주목해야 하는지를 깨달을 수 있을 것이다. 이러한 이론은 앞으로 교사들이 수업심리학을 기반으로 학생 중심 수업을 만들어가는 데 튼튼한 기초가 되어줄 것이다.

수업심리학,
학생 중심 수업의
기초를 세우다

"뿌리 깊은 나무는 쉽게 흔들리지 않는다"

01
구성주의와 인지발달 이론은
왜 학생에게 주목해야 하는지 알고 있다

기억을 더듬어 학부 시절에 공부했던 교육심리학의 내용을 잠시 떠올려보자. 교육심리학에서는 다양한 측면에서 학생들의 발달을 다룬다. 그리고 그 내용들은 크게 세 가지로 분류해볼 수 있는데, '성격 및 사회성 발달', '행동발달', '인지발달'이다.

최근 교육에 대한 관점은 학생의 변화와 성장에 초점을 맞추어, 결과뿐만 아니라 과정 또한 중요시하고 있다. 특히 학생 개개인의 개성 존중과 함께 학생이 배움의 주체가 되어야 함을 강조하고 있다. 이러한 측면에서 볼 때, 성격 및 사회성 발달에 대한 내용은 다소 결정론[1]적인 입장이며, 교육의 관점보다는 사회화[2]에 좀 더 초점이 맞추어져 있어 부적절하다.

또한 행동발달에 대한 내용의 경우에도 학생의 내면적인 의식이나 정서보다는 자극과 반응 관계에서 나타나는 결과적이고 객관적인 변화에 초점이 맞추어져 있기 때문에 현재의 교육적 관점과는 다소 거리감이 있다고 할 수 있다. 결국 이러한 개념들은 학생을 배움의 주체로 바라보며, 학생 중심의 수업을 설명함에 있어 직접적인 연결고리를 찾아내는 데 다소 어려움이 있다. 이와 달리 구성주의와 인지발달에 대한 내용을 이해함으로써 교사는 학생의 주요 심리적 특성을 이해할 수 있다.

행동주의에서와 달리 학습자를 스스로 정보를 발견하고 변형하려고 하는 능동적인 존재로 간주하는 구성주의와 인지발달 이론에 관한 이해는 학생을 배움의 주체로 바라보는 데 분명 도움을 줄 것이다. 이에 지금부터 구성주의와 인지발달 이론에 관해 간략하게나마 살펴보려 한다. 이를 통해 교사들이 학생 중심 수업을 디자인하고 진행하는 데 있어 왜 학생의 심리적 특성을 이해를 기반으로 해야 하는지 그 이유를 찾아냄으로써 뿌리가 흔들리지 않는 튼튼한 기초를 세울 수 있을 것이다.

---

1. daum 사전 : 인간의 행위를 포함한 이 세상의 모든 일이 신이나 자연, 사회관계와 같은 외적인 원인에 의해 정해져 있고 선택의 자유나 우연은 없다고 보는 입장. 이 견해는 인간의 의지나 책임, 행위의 의의 등에 대해서는 부정적이다.

2. 사회화와 교육은 유사해 보이지만, 본질적인 차이가 있다. 조용환(1997)은 사회화가 보편성의 의미를 내포하고 있으며, 본질적으로 개인의 개별성보다 사회가 집단성을 더 중시한다고 하였다. 이에 개인의 선택보다 사회의 선택을 우선시하게 된다. 이런 틀 안에서는 개인의 주체성은 발휘되기 어렵다.

구성주의는 학습자를
어떻게 바라보는가?

우리가 주목해야 할 것은 구성주의 이론 그 자체라기보다는 구성주의가 학습자를 바라보는 시각이다. 즉 지식을 스스로 구성하는 주체로서 학습자를 바라보는 관점에 초점을 맞추어야 한다. 지식의 구성에서 사회문화적인 측면과 개인적인 측면을 엄밀히 구분하는 경향이 있었지만, 이 둘은 사실상 함께 고려해야 하며, 특히 지식은 학생의 현실과 연계되어 구성되는 것이다. 다시 말해 지식은 학생과 무관하게 객관적으로 따로 존재하는 것은 아니라는 뜻이다. 그렇기 때문에 구성주의적 관점에서 볼 때는 학생들 스스로 지식을 구성할 수 있도록 적절한 **기회**를 제공하는 것이야말로 수업에서 교사의 주된 역할이 된다.

교사는 이제 더 이상 지식 전달자의 역할에 만족한 채 머물 수 없다. 교사가 지식을 주입하고, 전달해주는 사람으로서의 역할을 했던 시기는 끝나버렸다고 봐야 한다. 4차 산업혁명과 함께 지식 그 자체는 이미 예전과 같은 힘을 발휘할 수 없다. 따라서 현 시대에 요구되는 교사의 역할은 학생들 각자가 지식을 재구성하여 의미 있는 배움이 이루어지도록 안내하고 조력하는 데 있다. 배움을 촉진하도록 지식 구성의 환경을 조성해주고, 학생의 성장을 도울 수 있는 구체적인 피드백을 제공해주는 것이야말로 이 시대에 요구되는 진정한 교사의 역할이라는 뜻이다.

그러나 모든 학생들이 척척 알아서 지식을 바로 구성하기에는 어려움이 있다. 개념도 채 익히지 않은 학생에게 심화 문제해결을 하는 데 필요한 지식을 구성하게 한다는 것은 마치 걸음마를 배우지도 않은 아이에게 뛰는 것부터 가르치려는 무모한 시도와 다르지 않기 때문이다. 그러한 무모한 시도에 교육적 효과가 있을 리 없다는 건 굳이 실천해보지 않더라도 쉽게 예측할 수 있을 것이다. 이러한 측면에서 볼 때, 현 시대에는 학생의 수준을 이해하고, 심리학적 관점에서의 이해를 바탕으로 학생들의 자발적 지식 구성을 도울 수 있도록 **교육과정을 재구성**하는 능력이 교사에게 그 무엇보다 중요해졌다고 할 수 있다.

학습자가 처한
현실을 바로 보라!

이제 교육은 학생을 주어지는 지식을 수동적으로 받아들이는 데 그치는 존재가 아니라, 스스로 지식을 구성할 수 있는 능동적 존재로 바라봐야 함이 분명해졌다. 그렇다면 학생을 지식 구성의 주체로 바라보는 관점에서 수업의 출발점 또는 수업의 기초는 무엇이 되어야 할까? 바로 '학습자의 현실'에 기초해야 함이 마땅할 것이다. 구성주의에서도 **학습자의 현실**을 매우 중요하게 생각한다. 그러나 학습자의 현실을 무엇으로 봐야 하는지에 대해서는 깊이 있게 생각해볼 필요가 있을 것이다.

무조건 실생활과 연계하는 게 능사는 아니다

최근 학교 수업을 살펴보면 교사들이 교육과정과 실생활을 연계하기 위해서 수많은 연구와 노력들을 기울이고 있음을 알 수 있다. 예를 들면 전체적으로는 아니더라도 교과서에도 현실 맥락과 관련된 교과 내용이 서술되어 있다. 또한 수업을 준비하는 차원에서도 현실에서 이슈가 되고 있는 여러 가지 쟁점이나 소재들이 자주 활용되고 있으며, 교사들은 수업시간에 다양한 실생활의 예들도 함께 제공하기 위해 노력하고 있다. 학생들에게 제공되는 과제나 문제들도 예전처럼 단편적인 내용 지식만을 묻는 것이 아니라, 실제로 존재하는 상황이나 맥락 또는 요소들을 문제 상황에 적절히 녹여서 제시하는 추세이다.

　학습자의 현실과 동떨어진 수업으로 학생들의 공감을 얻어내기란 어려울 것이다. 하지만 최근 나타나는 현상들의 특징을 곰곰이 살펴보면 학습자의 현실에 대해서 지나치게 실생활의 예로만 접근하는 경향이 있다는 점에서 우려하지 않을 수 없다. '현실'이라는 단어는 '현재 실제로 존재하는 일이나 상태'를 의미하는데, 이를 어떤 구체적인 대상으로만 한정짓는다는 것은, 자칫 '현실 맥락의 활용'이라는 **외형**에만 치우치게 만들어 실제로 지식을 구성하여 배움을 얻어야 하는 당사자인 학생 자체에 대한 고민은 간과하게 되는 함정에 빠지게 된다.

학생들이 지식을 구성하는 것은 기존에 알고 있던 지식을 발전시키면서 이루어진다. 그렇기 때문에 학생에 대해 깊이 고민하지 않은 상태에서 막연히 현실 맥락만 가져와서 수업에 활용하는 것은 자칫 학생이 앞으로 학습하게 될 지식과 학생 자신의 경험을 연결시키면서 주체적으로 지식을 구성해나갈 기회 자체를 보장해주지 못하는 행위가 될 수도 있다.

이러한 측면에서 볼 때, 학습자의 현실과 연계시킨다는 목적으로 실생활의 예에만 집중하는 것이 과연 타당한지에 대해 우리 교사들은 고민해볼 필요가 있다. 즉 학습자의 현실을 고려한다는 것은, 무조건 실생활의 사례를 들어서 제시하기보다는 현재 학생에 관한 측면도 깊이 생각해봐야 한다는 뜻이다.

예를 들면, 최근 특정 지역에서 발생하고 있는 '난민' 문제가 있다. 이 문제는 분명히 우리가 그동안 겪어본 적이 없는 일이며, 수업시간에 학생들과 함께 충분히 논의해볼 만한 가치가 있는 주제일 것이다.

물론 교사의 의도가 논의의 과정에서 얻게 되는 절차적인 지식[3]이라면, 논의 그 자체만으로도 의미가 있을 수 있다. 그러나 교사

의 의도가 '세계시민으로서의 소양을 학생들에게 함양시키는 것'
이었다면, 난민이라는 주제에 대해서 함께 논의를 했다는 것만으
로는 이러한 목적을 달성했다고 보기 어렵다.

UN에서는 세계시민의 소양으로 세계 평화나 인권, 문화적 다양
성 등에 대한 것을 제시하고 있는데, 반드시 난민 문제가 아니더
라도 이러한 소양과 관련된 내용들을 학생들 스스로 생각해볼 수
있도록 기회를 제공하는 것이 더욱 중요할 것이다. 더군다나 세
계시민이라는 것에 대한 학생들의 이해 수준도 저마다 다를 것이
다. 따라서 교사는 학생들 간의 지식 또는 이해 수준의 격차 등도
함께 고려하면서 수업을 만들어가야 하는 것이다. 그래야 비로소
학습자의 현실을 고려한 의미 있는 수업을 도모했다고 할 수 있을
것이다.

학습자의 내·외적 현실을 고려한 통합적 접근이 필요하다

물론 학생들의 실생활과 밀접한 주제나 과제를 통해 접근하는 것
은 분명 의미 있는 시도일 것이다. 하지만 그것이 학생의 심리적
측면과 별개로 고려되어서는 안 된다. 얼마 전 이런 기사제목을

---

3. 절차적 지식과 대비되는 개념은 선언적 지식이다. 선언적 지식이 일반적으로 이야기하는 구
체화된 지식(knowledge)이라고 한다면, 절차적 지식은 활동을 계획(planning)하는 것이나 활
동의 과정을 점검(monitoring)하고 규정(regulating)하는 것, 전체 절차를 평가(evaluating)하
는 것과 같은 것을 의미한다.

본 기억이 있다.

"'소금물 농도 구하라'는 순간, '수포자'됐답니다[4]"

학생들이 소금물을 많이 사용하는지는 일단 의문이지만, 어쨌든 소금과 물이라는 건 현실에서 쉽게 만날 수 있는 친근한 소재임에는 틀림없다. 그러나 그것만으로는 뭔가 부족하다는 뜻이다. 이제는 과연 소금물이 학습자의 현실이라고 할 수 있는지 반문해야 한다. 물론 학습자의 현실이라는 것이 학생 주변에 존재하고 있는 구체적 대상물과 학생의 경험 등을 포함할 수는 있다. 하지만 학생의 심리적 측면, 내적인 지식 구성의 체계와 별개로 고려되어서는 안 된다. 이 말은 곧, 단지 학생들에게 익숙한 소재라는 이유만으로 좋은 방법이 될 순 없다는 뜻이다.

학습자의 현실 상황이라는 것은 학습자의 내적인 상황과 외적인 상황에 대한 **통합적인 접근**을 필요로 한다. 따라서 현재의 학습 환경뿐만 아니라 사회적 쟁점 등이 학습자의 경험과 심리가 함께 어우러져야 한다. 단, 이때 수업 상황에서 학습자의 현실이라는 것은 각 학습자별로 개별화하여 고려해야 한다. 즉 각 학습자의 발

---

4. 김지윤, 〈'소금물 농도 구하라'는 순간, '수포자'됐답니다〉, 《한겨레》, 2018 7월, 사회 교육

달 단계나 지식 구성의 수준 등이 어떠한지를 확인하여, 교사의 전문적인 관점에서 판단하고 이를 수업 준비에 반영할 수 있어야 할 것이다.

학생의 능력에 맞는 수업 디자인의 중요성을 알려준 피아제

인지발달 이론에서 빼놓을 수 없는 인물이 바로 심리학자인 피아제$^{Jean Piaget, 1896~1980}$다. 그의 이론에 따르면 각각의 학습자는 일종의 인지구조라고 할 수 있는 스키마^{schema}를 가지고 있는데, 이 스키마는 동화와 조절 과정을 역동적으로 수행하는 과정에서 균형화에 의해 재구조화되고 변화를 거치면서 발달해간다.

스키마는 우리나라에서 일부 도식으로 번역되고 있기도 한데, 쉽게 말해 신체의 발달과 환경적 경험을 통해 만들어지는 '지식의 구조'나 '생각의 틀' 등을 의미한다. 지식의 구성은 적응의 과정에서 나타나는데, 바로 이때 스키마라는 지식의 구조도 함께 변화하게 된다. 그리고 이러한 적응은 동화와 조절이라는 기제로 작동하는 것이다.

특히, 피아제는 인지발달 수준을 '감각운동기', '전 조작기', '구체적 조작기', '형식적 조작기'의 4단계로 구분하여 설명하였다.

단계별 주요 특징으로 감각운동기는 언어가 발달되기 이전의 단계로 주로 감각 자극에 대한 반응이 중심이 되며, 대상영속성^{object} ^{permanence}의 개념이 형성되는 시기이다. 이후의 단계는 **조작**이라는 활동을 중심으로 단계를 구분하는데, 조작 활동의 가능 여부나 그것의 특성에 따라 발달 단계를 구분하고 있다.

조작이라는 것은 학습자의 의도가 반영된 외적이고 내적인 행동을 의미한다. '조작'을 사용하기 이전의 단계를 의미하는 전 조작기에는, 특히 지각적인 특성에 의지하여 사고를 하게 된다. 예를 들면 모양이 다른 컵에 같은 양의 물을 담아두었을 때, 같은 양의 물이라도 폭이 좁고 긴 컵에 담긴 물이 더 많다고 인식하는 것이나, 같은 개수의 물건이라도 모여 있을 때보다 흩어져 있을 때 더 많다고 인식하는 것은 단순히 시각적인 정보에 의존하여 판단하였기 때문이다.

구체적 조작기에 들어서면 비로소 보존 개념이라는 것이 형성되는데, 전 조작기와는 달리 컵의 모양과 상관없이 물의 양이 보존되고, 물건을 흩어놓거나 모아놓는 것과 관계없이 개수는 동일하다는 것을 깨닫게 된다. 이렇게 구체적 조작기에 들어서면 조작이라는 활동을 시작하게 된다. 하지만 아직까지는 구체물이나 경험을 중심으로 지식의 구조를 구성하는 단계이므로, 경험하지 못한 것을 사고하고 추론·유추하기는 어렵다.

구체적 조작기를 지나 형식적 조작기에 들어서야 비로소 구체물이 없는 상황에서의 조작이 가능해진다. 즉 가설을 세우고, 추상적인 사고를 하게 되는 것이다. 피아제 인지발달에 따른 각 단계에 따른 특징을 요약 정리한 것은 다음 표와 같다.

| 표 2-1 | 피아제의 인지발달 단계와 특징

발달 단계	연령	특징
감각 운동기	0~2세	• 모방, 기억, 사고를 시작한다. • 감각적 경험과 동작에 의해 학습한다. • 모든 것을 자기중심으로 본다. • 대상이 눈에서 사라지면 존재하지 않는다고 믿으나, 2세가 되면 대상영속성을 인식하게 된다. • 행동을 통해서 일차적인 사고가 가능하다.
전 조작기	2~7세	• 감각, 동작 행동에 대한 의존이 줄어들고, 그러한 능력이 정교화된다. • 언어가 발달하기 시작한다. • 타인의 역할과 견해를 고려할 줄 모른다. • 대상을 한 가지 관점에서만 본다. • 자아중심적 사고의 감소 현상이 나타난다. • 항상성(恒常性)이 발달하지 못하여, 동일한 것의 순서를 바꾸거나 형태를 바꾸어 제시하면 동일한 것으로 여기지 않는다.
구체적 조작기	7~11세	• 관찰에 근거하여 논리적 추리력을 갖는다. • 자기중심성이 약해진다. • 구별화 능력이 생긴다. • 항상성이 발달하여 가역이 가능하다.
형식적 조작기	11~15세	• 구체적이고 실제적인 상황을 넘어 문제를 다룰 수 있다. • 탈중심화, 가역성, 추상적인 사고가 충분히 발달한다. • 논리적이고 종합적인 사고를 한다.

※출처: 권건일·송경애, 2006

학생들의 발달 수준을 무시한 수업은 결국 실패로 돌아갈 수밖에 없다. 예컨대 아직 추상적 사고가 불가능한 단계에 있는 학생들에게 논리적이고 종합적 사고를 요하는 과제를 제시하는 수업을 전개한다면 아무리 완벽하게 설계했다고 해도, 정작 학생들의 배움을 제대로 이끌어낼 수 없다는 뜻이다. 하지만 교사가 이러한 발달 수준을 적절히 활용한다면, 학생들의 인지 수준에 맞춰 적절하게 수업을 만들어갈 수 있다. 아울러 수업에서 나타나는 학생들의 다양한 반응에 대한 올바른 해석이 가능해진다.

학생 성장을 돕는
발판의 마련을 중요시한 비고츠키

인지발달 이론 하면 빼놓을 수 없는 또 다른 중요한 인물이 바로 심리학자 비고츠키$^{\text{Lev Semenovich Vygotsky, 1896~1934}}$이다. 그는 학습자의 사회적인 관계에 좀 더 주목하였다. 이는 학생들이 주변으로부터 배운다는 사실에 초점을 맞추었기 때문이다.

따라서 비고츠키의 이론에서는 사회문화적인 영향을 중요하게 생각한다. 즉 외부적인 상황이 개인에게 내면화^{internalize}되면서 학습은 타자 주도적$^{\text{other-regulated}}$ 학습에서 점차 자기 주도적$^{\text{self-regulated}}$ 학습으로 전환된다는 것[5]이다.

수업에는 학생이 딛고 도약할 수 있는 발판이 필요하다?

비고츠키의 이론에서 중요한 것은 학생들의 **근접발달영역**^{Zone of} ^{Proximal Development: ZPD}이다. 이는 학생 스스로 문제를 해결할 수 있는 실질적인 수준과 교사의 안내 또는 다른 학생과의 공동 노력을 통해서 해결할 수 있는 잠재적인 수준을 나타낸 것이다. 말하자면 이 영역은 학생에게 있어 성장 가능한 범위를 의미하게 되는데, 교사의 입장에서 보면 수업에서 다룰 수 있는 범위를 의미한다고 할 것이다.

이 영역 내에서 학생이 현재 수준보다 높은 수준으로 도약할 수 있도록 발판을 마련해주는 것을 가리켜 **비계설정**[6]^{scaffolding}이라고 한다. 예를 들어 교사가 수업을 위해서 학습지를 구성할 때, 처음에는 기초적인 수준의 과제를 제공해주다가 나중에는 기초적인 과제에서 겪었던 경험을 기반으로 하여 점차 더 어려운 과제 해결을 수행할 수 있도록 학생들에게 기회를 제공하는 것이 바로 '비계설정'을 활용한 대표적인 사례라고 할 수 있다.

만약 근접발달영역의 범위를 넘어서는, 즉 지나치게 쉬운 과제 또

---

5. 정성화 외(2014, p. 55)에 따르면, 인지발달이란 한 문화권에서 사람들이 상호작용하면서 발생되는 것이며 그에 따라 개념, 태도, 전략, 기술 등 개인의 심리적인 과정이 형성되는 것이다.

6. 비계는 '높은 건물을 지을 때 작업 인부들이 디디고 설 수 있도록 긴 나무 따위를 종횡으로 엮어 다리처럼 걸쳐 놓은 설치물'을 의미한다.

는 반대로 너무 어려운 과제만 제공하는 것은 학생의 성장에 결코 도움을 줄 수 없음에 교사들은 유념해야 한다. 이는 아직 팔다리가 여리고 힘도 없는 어린 아이들에게 지나치게 높은 담장을 오르게 하는 것과 비슷한 이치이다. 이러한 학습 원리는 학생들의 **몰입**flow을 설명하는 데에도 적용되는데, 몰입이라는 것은 문제해결을 위해서 의도적으로 일정 기간 집중하여 생각하는 능력을 말한다. 그리고 연습과 훈련을 통하면, 집중적으로 생각하는 시간을 점차 늘려갈 수 있다.[7]

학생들에게 꼭 맞는 발판을 찾아주어야 하는 이유

수업 중에 교사는 학생들의 성장을 이끌어내기 위한 목적으로 다양한 과제를 제시한다. 그런데 다음 페이지의 그림[8]과 같이, 몰입 가능한 영역이 존재하는데, 이는 학생들에게 제공되는 과제의 기술적인 측면이나 도전적인 측면과 깊은 관련이 있다. 만약 학생들이 현재 가지고 있는 어떤 능력치라든가 기술적 측면을 벗어나지 않는 데만 지나치게 얽매인다면, 학생들은 몰입 가능한 영역에서

---

7. 황농문 교수(서울대학교)는 자신이 어려운 문제해결을 위해서 3일간 '몰입'했던 경험을 밝히면서, 몰입했을 때의 특징은 완벽한 집중, 고무된 정신력, 놀라운 아이디어들의 증가, 행복감을 갖게 된다는 것이었다.
8. Liljedahl, P.(2017, p. 8)은 수학교육을 연구하는 연구자이다. '생각하는 수학교실 구성하기'와 관련된 연구를 최근 진행하고 있다.

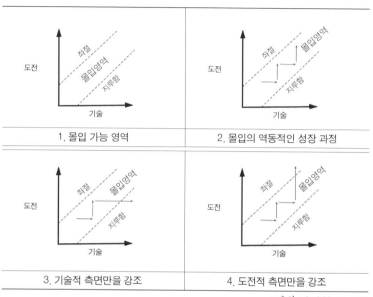

1. 몰입 가능 영역	2. 몰입의 역동적인 성장 과정
3. 기술적 측면만을 강조	4. 도전적 측면만을 강조

※출처: Liljedahl, p.8, 2017

몰입을 위한 도전과 능력의 범위. 근접발달영역의 범위를 넘어서는 과제는 학생들에게 오히려 역효과를 가져올 수 있다.

벗어나 지루함을 느끼게 된다. 반대로 과제의 도전적 측면만 지나치게 부각시키다 보면, 학생들은 좌절을 경험하게 되어 아예 과제를 수행할 엄두를 내지 못한 채 포기해버리게 된다.

따라서 몰입하는 능력은 학생의 능력이나 기술적 측면은 물론, 과제의 도전적인 측면이 제대로 균형을 이룰 때 비로소 역동적으로 성장할 수 있다. 물론 각 학생이 가지고 있는 능력의 차이에 따라 도전과 기술 수준에 있어서도 차별화가 필요하다. 교사는 올바른 비계설정을 위해 각 학생들의 수준에 주목하고, 각자의 성장

가능성을 예측하여 학습 기회를 제공해주려는 노력을 기울여야 할 것이다. 80쪽의 그림은 어떤 식으로 과제를 제시해야 최적의 몰입과 성장을 이끌어내는지 잘 보여준다.

고차원적인 사고,
어떻게 가르칠 것인가?

앞서 피아제의 인지발달을 소개한 김에 이론적인 내용을 조금 더 살펴볼까 한다. 학습자는 일련의 행동을 통해 원리와 효과를 구별하고 통합할 수 있는데, 이것이 바로 **반영적 추상화**의 과정이다.

　반영적 추상화의 기재는 반사와 반성의 나선적인 교대이다. 반사라는 것은 학생이 자신의 행동 또는 사고의 과정을 의식한 후 이것을 다시 사고의 대상으로 삼는 것을 포함한다. 이를 각각 **내면화**[9]와 **주제화**[10]라고 하는데, 사고의 대상으로 주제화된 행동이나 과정은 다시 반성을 통하여 동화[11]나 조절[12][13]이라는 방식으로 기

---

9. 내면화(interiorization)는 자신의 행동이나 사고의 과정을 의식하게 되는 것

10. 주제화(thematization)는 의식한 행동이나 과정을 사고의 대상이 되게 하는 것

11. 동화(assimilation)는 사고의 대상을 기존에 가지고 있는 심리적 구조에 맞추는 것

12. 조절(accommodation)은 사고의 대상에 맞추어 기존의 심리적 구조를 변화시키는 것

13. '동화와 조절'을 익숙한 예로 생각해보자. 강의시간에 많이 활용되던 예이기도 하다. '강아지는 다리가 네 개'라고 생각하는 아이가 사자를 처음 보고 '강아지'라고 생각을 하게 되는 것을 '동화'라고 할 수 있다. 그러나 경험할수록 강아지와 사자의 다름을 알게 되면서, '다리를 네 개 가진 동물이 항상 강아지는 아니구나'라고 생각하게 되면, 조절이 일어난 것이다.

존에 형성되어 있던 심리적 구조[14]와 균형[15]을 맞추게 된다.

피아제의 경우 논리-수학적 개념 형성의 과정을 설명하기 위해서 반영적 추상화의 개념을 사용하였다. 컴퓨터와 같은 논리적인 시뮬레이션이 필요한 영역에서 추상화는 매우 중요한 능력이다. 하지만 추상화는 비단 논리-수학적 영역에만 필요한 것이 아니다. 추상화라는 것은 다양한 상황을 종합적으로 관찰하고 판단하여 일반화하고, 이를 통하여 복잡한 상황 속에서 본질적인 측면을 찾는 능력이므로, **고차원적 사고**를 위해서도 반드시 필요한 능력이다. 또한 구체적인 활동에서 시작하여 학생들에게 특정 개념에 대한 지식의 구조를 발달시키고 구성하도록 하는 최근의 수업 상황에서도 피아제의 반영적 추상화는 의미 있는 통찰의 기회를 제공해준다. 이에 반영적 추상화를 위한 수업이론인 APOS 이론을 간략하게 소개하려 한다.

APOS 이론이란 무엇인가?

아논[Arnon, I.] 외(2013)는 특정 논리-수학적인 개념이 어떻게 학습되는지를 '행동-과정-대상-스키마'의 구조로 설명하였으며, 이를 APOS라는 이름으로 이론화하였다. APOS라는 명칭은 행동[Actions],

---

14. 도식 또는 스키마(schema)

15. 균형화(equilibration)

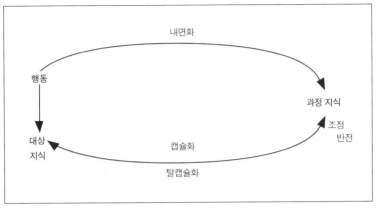

※출처: Arnon, I. et al., 2013, p. 18

지식 구성에 대한 심리 구조와 메커니즘. 캡슐화와 탈캡슐화를 통해 과정 지식을 구성하거나 새로운 대상 지식을 구성하게 된다.

과정^{Process}, 대상^{Object}, 스키마^{Schema} 각각의 첫 알파벳 글자만을 모은 것으로, 이는 반영적 추상화의 과정을 구체적으로 설명한 것이기도 하다. APOS 이론에 따르면 행동 단계가 내면화되어 과정 단계가 되고, 과정 단계는 캡슐화[16]를 통하여 대상 단계가 된다. 이러한 세 가지 형태의 기본 지식이 구성되면서, 스키마라는 지식의 구조가 형성되는 것이다.

개념은 최초에 **행동**으로 인식되는데, 이는 구체적인 것을 조작하는 것과 유사하다. 따라서 행동 단계에서는 각 단계들로 변환

---

16. 캡슐화, encapsulation

되기 위한 구체적인 조작의 기회가 요구되고, 이는 외부의 지도에 의해서 안내되어야 한다.

아논 외(2013)에 따르면, APOS 이론에서 행동 단계는 핵심이며, 다른 구조로 발전하는 데 있어 꼭 필요한 필수 요소이다. 행동 지식을 여러 번 반복하고 반성하다 보면, 처음에는 낯설기만 하고 외부의 도움에 의존해야만 가능했던 조작이 점차 익숙해지면서 숙달된다. 결국 외부의 도움 없이도 스스로 쉽게 조작할 수 있게 되는 것이다.

이때 구체물을 직접 조작해보지 않더라도, 행동으로 했던 것들을 마음속으로 수행해본다거나 그중 일부를 생략한다거나 또는 역으로 생각해볼 수도 있게 되는데, 이는 행동이 내면화된 **과정** 단계에 이르렀음을 의미한다. 이후 심리적이고 내적인 과정 지식을 성찰의 대상으로 삼아 과정 지식에 변환을 수행할 수 있게 되면 과정 단계의 지식은 인지적 대상으로 캡슐화되어 대상 단계가 되었음을 의미한다.

이 **캡슐화**라는 기재는 APOS 연구에서는 가장 어려운 부분으로 알려져 있다(Arnon, I. et al., 2013). 캡슐화라는 것은 행동 단계나 과정 단계에서 다루었던 다양한 활동들을 수행하는 과정에서 학생들이 갖게 되는 다양한 사고들을 하나의 대상으로 응축시키는 것이다. 이와 반대로 탈캡슐화는 응축된 하나의 개념을 여러 가지로 다시 분해해보는 것을 의미한다.

심상^{mental object}으로 캡슐화된 과정은 탈캡슐화^{de-encapsulation}를 통하여 기존의 과정 단계로 돌릴 수 있는데, 서로 다른 두 개의 대상을 각각 탈캡슐화하고, 여기에서 나온 각각의 과정 지식들을 조정^{coordination}하고, 조정된 과정을 다시 캡슐화하면, 새로운 대상 지식이 구성되기도 한다. 또한 문제해결에서 과정의 반전^{reversal}이 요구되기도 하는데, 예를 들면, $b+a=x$라는 문제는 바로 해결이 가능하지만, $a+x=b$ 또는 $x+b=a$와 같은 경우는 앞에 제시된 식의 형태처럼 x를 별도로 두기 위해서 원래의 계산 과정을 역으로 생각할 수 있어야 한다.

마지막으로, 스키마는 인지적 대상에 대한 **주제화**를 통하여 구성된다. 특정 개념에 대한 개인의 스키마라는 것은 행동, 과정, 대상 그리고 다른 스키마들을 개인적으로 모아놓은 것으로 이들은 일반적인 원칙이나 관계로 연결되어 있으며, 해당 개념을 포함하고 있는 문제 상황을 해결할 수 있는 체계를 개인의 마음에 형성한다.

이를 잘만 활용하면 수업의 단계도 구체적인 활동에서 시작하여 형식적인 사고로 발전시키도록 디자인할 수 있다. 특히, 행동 단계에서 과정 단계로 올라서기 위해서 교사는 학생들에게 **내면화**가 일어날 수 있도록 충분한 기회를 제공해주어야 한다. 내면화의 과정은 교사의 전문적인 관찰을 통해서도 확인할 수 있다. 예를 들어 학생이 스스로 수행한 행동 단계에서의 활동을 구체물에 대한 조작 없이 말로 설명하면서 성찰할 수 있게 되었다면 그 학생은 이미 과정 단계에 도달했음을 의미한다.

이와 같이 APOS 이론은 학생이 스스로 지식을 구성하게 되는 심리적인 절차와 과정 그리고 그 속에서 작동되는 다양한 심리적인 기재들에 대해서 설명하고 있는 이론이다. 그런데 이러한 심리적인 특성을 바탕으로 지식의 구조를 구성하기 위해서는 '발생적 분해genetic decomposition'에 대한 이해도 함께 필요하다. 그래서 이에 대한 설명을 좀 더 이어갈까 한다.

수업의 디자인과 실행에서 유용한 '발생적 분해'

앞서도 잠시 언급했지만, APOS 이론에서는 **발생적 분해**라는 것을 중요하게 생각한다. 발생적 분해라는 표현이 조금 생소할지도 모르겠다. 이는 특정 개념에 대한 행동, 과정, 대상의 단계를 가정하며, 관련된 스키마의 구조를 낱낱이 생각해보는 것을 말한다. 아논 외(2013)에 따르면, 발생적 분해는 선형적으로 표현될 수도 있지만 서술의 결과일 뿐, 학습 중에 나타나는 개념의 구조는 매우 복잡하고 다양하다.

교사의 입장에서 볼 때, 발생적 분해라는 것은 특정 개념의 학습을 위해서 학생들이 구성해야 하는 지식들의 연관성을 살펴보는 것이며, 이 결과를 수업 지도에도 활용할 수 있다. 또한 현장을 연구하는 연구자의 입장에서 볼 때는 학생들이 구성해야 하는 심리 구조와 기재를 설명하기 위해 세우는 가설적 모델로도 활용될 수 있다.

또한 적용 및 실천을 통해 개념의 구조를 확정짓기 전까지의 발생적 분해를 가리켜 예비 발생적 분해^{preliminary genetic decomposition}라고 한다(Arnon et al., 2013). 이는 교수-학습을 설계할 때 **방향을 제시**해주는 역할을 한다. 즉 이를 실제 수업에 적용하고 관찰이나 학생들과의 면담 등을 통하여 수정하고 세분화하면서 발생적 분해를 완성하기 위한 기본 자료가 된다는 뜻이다.

예비 발생적 분해를 설계하는 데는 다양한 방법을 활용할 수 있다. 예컨대 해당 개념에 대한 교사 또는 연구자 본인의 이해, 교사로서 쌓아온 경험, 학생들의 사고에 대한 선행 연구, 개념 발달의 역사적 관점, 교과서나 교수 자료의 분석 등 다양한 것들을 통하여 얼마든지 설계할 수 있다.

물론 발생적 분해가 학습에서 표현되는 유일한 것은 아니다. 즉 발생적 분해는 학생들의 특정 개념에 대한 구성을 한 가지로 설명하기 위한 것이라기보다는 학생들의 배움에서 나타나는 개념의 구성을 이해하는 데 도움을 주기 위한 모델을 제시하는 것이고, 수업의 흐름이나 학생의 학습 과정을 이해하는 데에 도움이 되는 정보를 얻기 위한 것이다. 그렇기 때문에 교사가 수업을 준비하는 과정에서 특정 개념에 대한 발생적 분해를 해보는 것은 실제 수업을 디자인하고 실행하는 과정에도 큰 도움을 준다.

실제 수업 디자인에서 활용된 발생적 분해의 예

발생적 분해에 대한 메커니즘을 대략적으로 설명하기는 했지만, 어쩐지 이대로 마무리한다면 실제 수업과는 무관한 이론적 개념으로만 여러분에게 각인될 것 같다는 생각이 들었다. 그래서 좀 더 이해를 돕기 위해 수학 교과의 개념으로 구체적인 예를 한번 들어보려 한다. 이를 통해서 발생적 분해가 수업의 디자인과 실행에서 어떻게 활용될 수 있는지 가늠할 수 있을 것이다.

학생들이 배우는 수학의 개념 중에는 '내심[17]'과 '외심[18]'이라는 것이 있다. 그중 내심이라는 것의 개념을 이해하기 위해서는 학생들이 이전에 학습한 '각의 이등분선', '각의 이등분선의 교점', '삼각형의 합동' 그리고 '정당화' 등에 대한 지식이 구조적으로 구성되어야 하며, 이를 바탕으로 삼각형 안에 내접하는 원을 이해할 수 있어야 한다. 이를 심리적인 기재와 함께 정리하면 다음 그림과 같다.

---

17. 삼각형의 '내심'은 각의 이등분선의 교점으로 찾을 수 있으며, 이 점에서 세 개의 각 변까지의 거리는 모두 같다. 이를 통하여 삼각형 안에 세 변에 접하는 원을 찾을 수 있으며, 이로 인하여 내심을 삼각형의 내접원의 중심이라고도 한다.

18. 삼각형의 '외심'은 각 변의 수직 이등분선의 교점으로 찾을 수 있으며, 이 점에서 세 개의 각 꼭짓점까지의 거리는 모두 같다. 이를 통하여 삼각형의 세 꼭짓점을 지나는 원을 찾을 수 있으며, 이로 인하여 외심을 삼각형의 외접원의 중심이라고도 한다.

19. 2015년 학생들에게 APOS 이론에 따른 구성적인 수업의 제공을 위해서 배미선, 오예린, 윤상준이 공동으로 분석하여 개발한 내용이다.

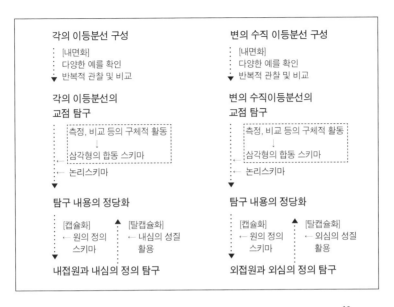

발생적 분해를 삼각형의 내심과 외심을 탐구하는 과정으로 예시해보았다.[19]

위의 그림과 같이 내심과 외심의 개념에 대해서 발생적 분해를 해보니, 학생들이 내심과 외심의 개념을 이해하기 위해서 선행되어야 하는 학습의 경로를 확인해볼 수 있었다. 이러한 과정을 통하여 교사는 내심과 외심의 개념을 학습하기 위한 수업을 어떤 순서로 또는 어떤 개념들을 학습할 수 있도록 디자인해야 하는지 대략적인 윤곽을 잡을 수 있다. 물론 수학이라는 교과의 특성상 개념들이 서로 위계적인 구조를 갖는 경우가 많지만, 타 교과에서 위계적인 구조를 갖지 않는 개념들에 대해서도 발생적 분해는 얼마든지 활용해볼 수 있다.

수업의 운영과 관련하여, 발생적 분해를 활용하면 학생들이 개념 학습에서 겪게 되는 어려움에 대해 교사가 진단할 수 있게 도와준다. 예를 들어 수업시간에 각의 이등분선은 이해하고 있으나, 탐구한 내용의 정당화는 명료하게 이루어지지 않는 학생이 있다고 하자. 이러한 학생에게는(앞 그림의 왼쪽에서 확인할 수 있듯이) 각의 이등분선의 교점에 대해서 탐구할 수 있는 기회를 제공해야 할 것이다. 특히 삼각형의 합동과 연계시켜서 생각해볼 수 있도록 기회를 제공한다면 이 학생이 내심의 개념을 완전히 배우는 데에 도움을 줄 수 있다.

스키마의 발달은 어떻게 이루어지나?

앞에서 피아제의 인지발달을 설명하며 언급했지만, 스키마는 구조화된 지식을 의미한다. 물론 수업에서 모든 학생이 모든 개념을 구조화시키는 데 성공할 수 있는 것은 아니다. 지식을 구조화시키지 못한 학생들은 대상 수준이나, 과정 수준에서만 지식을 구성하기도 한다.

이처럼 A-P-O-S는 학습의 과정인 동시에, 지식의 수준도 함께 의미한다. 아논 외(2013)에 따르면, 스키마는 3단계로 발달되는데, '개인적', '탈 개인적', '전환적' 수준을 거치게 되며, 그 의미들은 다음과 같다.

개인적 수준의 스키마$^{intra-schema}$는 개인적인 요소에 초점을 맞춘다. 주로 대상화된 것들의 공통된 특징에 대해서 다소 단편적이고 개인적으로 발견하고 학습한 단계를 말한다.

개인적 수준의 스키마가 탈 개인적 수준의 스키마$^{inter-schema}$로 발달하면서, 기존에 학습한 개념과 다른 개념의 연결도 탐색하게 되고, 이 과정에서 추론과 같은 인지 과정에 의해서 개념이 더욱 발달하기 시작한다.

세 번째 단계인 전환적 수준의 스키마$^{trans-schema}$에서는 스키마의 구조가 일관되고 뚜렷해진다. 특히 학생들이 주어진 과제나 문제 상황에서 이 스키마를 적용할 수 있는지 등을 판단할 수 있게 된다.

이상과 같은 스키마의 3단계 발달 과정을 통해 볼 때, 교수-학습의 과정에 있어서 학생들에게 발표와 토론의 기회를 주는 것이 배움에 있어 얼마나 중요한 영향을 미치는지 다시금 확인할 수 있을 것이다. 왜냐하면 발표와 토론 과정을 통해 학생들은 비로소 학습한 내용을 자신의 것으로 소화할 수 있기 때문이다.

예컨대 학생들의 지식이 개인적 수준에서 전환적인 수준으로 발전되는 것을 추구하는 데 있어서 발표는 개인적 수준의 지식을 명료화할 수 있는 기회를 제공해준다. 아울러 토론은 개인적 수준의 지식들을 서로 연결시키고 비교하여 동화와 조절을 통한 지식구조의 발전을 유도한다. 이러한 과정 속에서 학생들은 스스로 구성한 지식의 구조를 문제 상황에 적용해보고, 실제로 활용 가능한 것이 될 수 있도록 더욱더 확장시켜나갈 수 있게 되는 것이다.

이상에서 소개한 개념들은 교사들이 어떻게 활용하는가에 따라 단지 책이나 논문에서나 나올 법한 이론적 수준에 머물지 않고, 교사들이 실제 수업에서 가르치고자 하는 내용을 디자인하고 구조화하는 데 있어 유용한 근거를 마련해줄 수 있을 것이다. 이러한 개념들은 가르침과 배움의 간극을 좁히는 데 분명 의미 있는 역할을 하게 될 것이다.

02
수업심리학을 기반으로
역량 강화를 실천하다

2015 개정 교육과정의 가장 중요한 특징이라면 '융합'을 꼽을 수 있다. '과정 중심 평가', '학생 참여형 수업', '문·이과 지식의 통합'을 전면에 내세우는 동시에 4차 산업혁명 시대를 이끌어갈 인재상인 '창의융합형 인재'를 양성하기 위한 핵심역량 강화를 강조하고 있다. 즉 초·중·고등학교 교육을 통해 지식정보처리, 창의적 사고, 자기관리, 심미적 감성, 의사소통, 공동체 역량의 6가지 핵심역량을 중점적으로 기르겠다고 하는 것이다(교육부, 2015a).

이는 비단 우리나라만의 현상이 아니다. 학교교육에 **역량**의 개념이 들어오게 된 것은 이미 전 세계적으로 공통된 현상이라고 할 수 있다. 정보의 양이 과거 어느 때와 비교할 수 없을 만큼 급격하게 증가하고 있는 현실에서, 단순히 교과지식을 학습하고 이해하는 것만으로는 급변하는 미래사회에서 능력 발휘는커녕 제대로 적응하며 살아갈 수도 없음을 인식하게 된 것이다. 이러한 문제를 해결하기 위해서 미래사회에 사람들에게 요구되는 능력이 무엇이고, 이를 어떻게 키워주어야 하는지에 관한 연구들이 본격적으로 시작되었다.

학교 교육과정에서 역량에 대한 논의가 제기되기 시작한 것은 1997년 OECD에서 있었던, DeSeCo^{Defining and Selecting Key Competencies} 프로젝트 이후이다. 개인의 성공적인 삶과 사회발전을 위해 요구되는 핵심역량에 대해서 연구하며, 생애핵심역량에 대한 이론적인 기초를 마련하였고, 이후 학생들이 미래사회에 갖추어야 할 능력으로 개념이 정립되면서 학교 교육을 통한 역량 교육의 필요성도 함께 제기되었다.

교육은 국가의 백년지대계^{百年之大計}라는 말도 있지 않은가? 교육은 미래를 위한 준비이다. 학생들이 사회 구성원으로서 핵심적인 역할을 수행하게 될 미래사회에 이들이 갖추어야 할 역량을 제대로 이해하는 것은 교사들에게도 매우 중요한 것이다. 과거 학생들이 지식 내용을 제대로 이해하고 있는지 여부만으로 수업을 평가했던 것과 달리, 이제는 학생들 개개인의 역량 성장도 함께 살펴봐야 하기 때문이다. 수업심리학에서 주목하는 학생의 심리적 특성은 이러한 역량과도 밀접한 관련이 있다. 그런데 역량의 성장을 평가하려면, 우선 역량이 무엇인지부터 살펴봐야 할 것이다.

역량이란
무엇인가?

학교 현장에서 역량의 개념이 어떻게 구현되어야 하는지에 대해서는 여전히 다소 모호한 측면이 있다. 그저 뭔가 기존의 단편적 지식보다는 미래사회에서 더욱 중요하게 고려되어야 할 무엇이 아닐까 하는 막연한 생각이 든다.

다행스럽게도 역량의 개념을 설명하기 위해서 그동안 다양한 연구들이 꾸준히 수행되어왔다. 이러한 연구들을 정리해 소개하면 전문가들이 역량을 어떻게 생각하고 있는지 파악할 수 있을 것이다. 역량에 대한 여러 연구들을 정리해보면, 역량의 개념은 크게 '학교 교육'과 '직무 교육' 그리고 '생애 교육'의 측면으로 나누어서 생각해볼 수 있다.

다양한 측면에서 바라보는 역량의 의미

우선, 역량의 개념을 학교 교육의 측면에서 생각해볼 수 있다. 이러한 관점에서 볼 때 역량이란 미래사회를 준비하기 위해서 학습자가 갖추어야 할 공통의 능력을 의미한다. 그리고 학교 교육은 이러한 능력을 학습자에게 교육하기 위해서 필요한 교육과정이나 수업, 평가의 방법 등을 모색해야만 한다.

둘째, 직무 교육의 측면에서 역량의 개념을 설명할 수 있다. 이러한 관점에서 볼 때, 역량은 직무 수행 상황에서 우수한 수행자가 가지고 있는 특성으로 정의할 수 있을 것이다. 특히 효과적으로 직무를 잘 수행하기 위해 갖추어야 할 지식, 기능, 태도 등이 역량으로 정의된다.

셋째, 학교 교육과 직무 능력을 아우르는 생애 교육의 측면에서 역량의 개념을 설명할 수 있을 것이다. 이러한 관점에서 볼 때, 역량은 특정 기간이 아니라 생애 전반에 걸쳐서 요구되는 지식과 기능, 태도 등으로 강조되며, 이는 비단 정규교육에만 국한되는 것이 아니라 지역사회와 가정에서도 학습될 수 있는 것이어야 한다. 학교 교육과 직무 교육, 생애 교육에서 바라본 역량의 개념을 정리한 내용을 살펴보면 표 2-2와 같다.

왜 역량에 대한 심리학적 접근이 필요한가?

지식이 아닌 역량 중심으로 학교 교육이 이루어지는 데 있어 수업 심리학을 이해하는 것은 교사에게 다차원적으로 역량의 지도에 접근할 수 있는 능력을 제공한다는 측면에서 의미가 있다. 왜냐하면 역량에 대한 심리학적인 분석은 역량을 좀 더 다양한 측면에서 이해하고 접근할 수 있도록 도와주기 때문이다.

초·중등학교 교육의 관점에서 핵심역량의 의미를 먼저 살펴보

| 표 2-2 | 역량에 대한 세 가지 관점과 개념

구분	역량에 대한 개념
학교 교육	- 21세기 사회를 성공적으로 살아가는 데에 있어서 모든 사람들이 반드시 갖추어야 할 공통적인 능력(소경희, 2007) - 다양한 현상이나 문제를 효율적으로 혹은 합리적으로 해결하기 위해 학습자(혹은 사회인)에게 요구되는 지식, 기능, 태도의 총체(이광우 외, 2008)
직무 교육	- 조직 환경 속에서 탁월하고 효과적으로 업무를 수행할 수 있는 조직원의 행동 특성으로 그들에게 요구되는 지식, 기술, 태도의 총체(김진모, 2001) - 실제 수행 상황에서 성공적인 수행을 가능하게 하는 평범한 수행자와 구분되는 우수한 수행자의 특성(McClleland, 1973)
생애 교육	- 한 개인의 성공적인 삶뿐만 아니라 사회에도 기여할 수 있는 능력으로 생애발달 단계에서 청소년기에 핵심적으로 요구되는 지식, 기술, 태도를 포함하는 복합적, 종합적 능력으로 정규교육뿐만 아니라 지역사회나 가정에서도 학습될 수 있는 것(김기헌 외, 2008) - 개인이 일생에 걸쳐 필요로 하는 지식, 기능, 태도 등으로 인지적 역량과 비인지적 역량을 포함하는 것으로 정의(최상덕 외, 2013)

면, 다음과 같다.

핵심역량은 사회 공동체 구성원으로서의 역할을 성공적으로 수행하기 위해 학습자에게 요구되는 지식, 기능, 태도의 총체를 말하는 것으로, 초·중등교육을 통해 모든 학습자가 길러야 할 기본적이고, 필수적이며, 보편적인 능력을 의미한다.[20]

---

20. 이광우, 2015, p. 23

위와 같은 개념에서 역량이라는 것은 학습자가 무엇인가를 학습하고 수행하기 위해서 요구되는 지식, 기능 및 태도만으로 이해될 수 있을 것이다.

그러나 김경자 외(2015)는 역량이라는 것이 학교 교육을 통해 갖추어야 하는 능력이기에 학습 결과와 수행 능력을 강조하는 측면에서는 비슷한 의견을 제시하고 있지만, 과제를 수행하고 문제를 해결할 때에 역량이 통합적으로 작동되기 위해서는 지식과 기능뿐만 아니라 동기나 태도와 같은 정의적 특성이 서로 유기적으로 연결되어야 함도 함께 강조하였다.

따라서 역량이라는 것은 심리학적으로는 학생들의 학습과 관련된 **인지적** 측면, 학생의 성격이나 특성과 관련된 **정의적** 특성 측면, 외부 환경의 영향력과 관련된 **사회문화적** 측면에서 다양하게 고려될 수 있어야 할 것이다. 또한 이와 관련된 연구들도 앞으로 더욱 활발하게 진행되어야 한다.

학습자의 역량을 강화하는 수업 디자인과 실천을 살펴보기 전에 우선 현재 우리나라 교육과정에서 명시하고 있는 역량의 의미부터 자세하게 짚고 넘어가고자 한다. 왜냐하면 개념 정의가 모호하고 구체적이지 않은 상태에서 이루어진 수업 디자인과 이를 바탕으로 한 실천은 결국 지도도 없이 망망대해를 정처 없이 떠도는 것과 다르지 않기 때문이다.

학교 교육이 추구하는 핵심역량의
실체를 이해한다는 것

2009 개정 교육과정에서도 역량[21]에 대한 개념을 포함하고 있었다. 그러나 역량의 개념에 대한 논의가 구체적이지 않았고, 추구하는 인간상과 같은 총론 중심으로 이루어졌으며, 대부분의 교과에 대해서는 여전히 내용 중심으로 교육과정이 제시되고 있었다. 아울러 당시에는 역량을 중심으로 교육과정을 운영할 수 있을 만큼 수업이나 평가 방법을 제시하려는 학교 현장의 관심이나 노력도 부족한 상태였다. 그러나 2009 개정 교육과정에서 역량 기반의 교육으로 변화를 추구했다는 것은, 2015 개정 교육과정의 기반을 다져주는 역할을 해주었다는 측면에서 볼 때 긍정적으로 생각할 수 있을 것이다.

학교 교육이 궁극적으로 이루고자 하는 것은?

2015 개정 교육과정은 전면적으로 역량 중심의 교육과정을 표방하며, 총론과 각론에서 역량에 대한 구체적인 내용들을 진술하고 있다. 너무 세부적인 것까지 교육과정을 제시하고 있다는 비판[22]

---

21. '역량'과 '핵심역량'이라는 용어는 같은 의미로 사용하였다. 아울러 '소양(literacy)'과 '역량(competency)'의 개념도 약간의 의미 차이는 있지만, 대동소이하게 보는 관점도 있다.

도 있는 게 사실이다. 하지만 수업이나 평가, 교수-학습 및 평가에서의 유의사항 등을 제시했다는 것은 개정된 교육과정을 조기에 올바로 정착시키기 위한 국가의 노력이었다고 판단된다.

2015 개정 교육과정은 '미래 사회가 요구하는 핵심역량을 함양하여 바른 인성을 갖춘 창의·융합형 인재를 양성', '인문·사회·과학기술 기초 소양을 균형 있게 함양', '학생의 적성과 진로에 따른 선택학습 강화', '학습의 과정을 중시하는 평가를 강화하여 학생이 자신의 학습을 성찰하도록 하고, 평가 결과를 활용한 교수-학습의 질 개선'을 교육과정 구성의 중점으로 삼고 있으며, 학교 교육 차원에서의 역량에 대한 개념으로는 교육 전 과정에서 핵심역량의 신장을 통한 인간상의 구현을 강조하고 있다(교육부, 2015a).

시작하면서도 잠시 언급했지만, 총론에서는 제시하고 있는 역량은 자기관리, 지식정보처리, 창의적 사고, 심미적 감성, 의사소통, 공동체의 총 6가지의 역량이다. 2015 개정 교육과정의 역량요소

---

22. 저자 주 : 학교 교육과정 운영의 자율성이 강조되면서, 교육과정 서술 방식에 대해서 크게 두 가지 정도의 제안이 있다. 우선은 국가 수준 교육과정의 대강화이다. 실제 국가 수준의 교육과정에서 전국의 다양한 학교의 특성을 고려하여 교육과정을 제시하는 것에는 어려움이 있기 때문에, 학교 현장에서 해석의 유연성을 통하여 지역 및 학교의 특성을 반영해야 한다는 입장이다. 이는 학교에서 교육과정을 해석하여 적극적인 재구성이 가능하다는 것을 기반으로 한다. 그러나 국가 수준의 교육과정이 지금보다 훨씬 더 자세하게 제시되어야 한다는 입장도 있다. 학교 현장에서 교육의 철학과 지향까지 논의하기에는 한계가 있다고 보기 때문이다. 다만, 지역과 학교의 특성을 고려하여 학교 교육과정 운영에 유연성을 제공하기 위해서는 반드시 운영해야 하는 공통부분과 학교의 선택에 따라 운영할 수 있는 선택 부분을 명확하게 구분해줄 필요가 있다.

와 그 개념을 간략히 정리하면 다음과 같다.

- 자기관리: 자아정체성과 자신감을 가지고 자신의 삶과 진로에 필요한 기초 능력과 자질을 갖추어 자기주도적으로 살아갈 수 있는 능력
- 지식정보처리: 문제를 합리적으로 해결하기 위하여 다양한 영역의 지식과 정보를 처리하고 활용할 수 있는 능력
- 창의적 사고: 폭넓은 기초지식을 바탕으로 다양한 전문 분야의 지식, 기술, 경험을 융합적으로 활용해 새로운 것을 창출하는 능력
- 심미적 감성: 인간에 대한 공감적 이해와 문화적 감수성을 바탕으로 삶의 의미와 가치를 발견하고 향유하는 능력
- 의사소통: 다양한 상황에서 자신의 생각과 감정을 효과적으로 표현하고 다른 사람의 의견을 경청하며 존중하는 능력
- 공동체: 지역·국가·세계 공동체의 구성원에게 요구되는 가치와 태도를 가지고 공동체 발전에 적극적으로 참여하는 능력

김경자 외(2015)는 이러한 6가지 핵심역량의 의미를 하위요소와 함께 좀 더 자세히 제시하였다. 이때 하위요소라는 것은 핵심역량의 의미를 좀 더 구체화시킨 것으로, 하위요소를 통하여 핵심역량을 인지적인 특성이나 정의적 특성, 사회 문화적인 특성과 연계해 고려해볼 수 있다. 이를 정리하면 다음의 표 2-3과 같다.

| 표 2-3 | 핵심역량의 의미와 하위요소[23]

핵심역량	의미	하위요소
자기 관리	- 자신의 삶, 학습, 건강, 진로에 필 요한 기초적 능력 및 자질을 지속 적으로 계발 및 관리 - 변화하는 사회에 유연하게 적응	기초학습 능력 및 자기주도 학습 능 력, 자아정체성 확립, 자신감 획득, 자기 통제 및 절제, 기본 생활습관, 자신의 감정조절, 건강관리, 진로개 발 능력, 합리적 경제생활, 여가 선용
지식 정보 처리	- 다양한 정보와 자료를 수집·분 석·평가·선택 - 적절한 매체를 활용하여 지식과 정보, 자료를 효과적으로 처리 - 합리적인 문제해결	논리적·비판적 사고를 통한 문제 인 식, 지식 정보의 수집·분석·활용 등 을 통한 문제해결 방안의 탐색, 해결 방안의 실행 및 평가, 매체 활용

창의적
사고
	- 새롭고 독창적인 아이디어 산출
	- 다양한 분야의 지식·기술·경험의
	융합적 활용
		- 창의적 사고기능(인지적 능력)
		  : 유창성, 융통성, 독창성, 정교성,
		  유추성 등
		- 창의적 사고성향(정의적 특성): 민
		  감성, 개방성, 독립성, 과제집착
		  력, 자발성 등
		※ 융합적 사고: 창의적 사고 기능
		과 창의적 사고 성향을 활용하여 서
		로 다른 분야의 지식과 기술들을 융
		합하여 의미 있고 새로운 것을 산출
		하는 사고 능력

심미적
감성
	- 인간 및 인간 현상에 대한 공감적
	  이해
	- 문화적 소양과 감수성을 통해 삶
	  의 의미와 사물들의 아름다움, 가
	  치 발견 및 향유
	- 개인의 질 높은 삶과 행복 그리고
	  더 나은 사회 창출
		문화적 소양과 감수성, 문화적 상상
		력, 타인의 경험 및 인간에 대한 공
		감 능력, 다양한 가치에 대한 존중,
		정서적 안정감, 의미 있고 행복한
		삶의 추구와 향유

---

23. 김경자 외(2015)의 서술을 표로 정리한 것이다.

의사
소통
	- 다양한 상황에 적합한 언어, 상징,
	  텍스트, 매체 활용
	- 자신의 생각과 감정의 효과적인
	  표현
	- 타인의 말과 글에 나타난 생각과
	  감정에 대한 올바른 이해 및 대처
	- 다른 사람의 의견 경청 및 존중
	- 효과적인 갈등 조정
		언어 및 비언어적 표현 능력(말하
		기, 듣기/경청, 쓰기, 읽기, 텍스트
		이해 등), 타인 이해 및 존중, 갈등
		조정

공동체	- 지역·국가·지구촌의 구성원으로
	  서 요구되는 가치와 태도 수용 및
	  실천
	- 지역적·국가적·세계적 차원의 다
	  양한 문제해결에 대한 책임감 및
	  적극적인 참여
	- 다양한 사람들과의 원만한 관계
	  및 협업과 상호작용
	- 다른 사람들을 배려하며 함께 살
	  아가는 능력
		시민의식, 준법정신, 질서의식, 공
		정성과 정의감, 참여와 책임의식,
		협동과 협업 능력, 나눔과 배려

교사들이 주목해야 할
교과에서 추구하는 역량들

총론에서 제시한 역량과 아울러 각 교과별로도 교과역량을 제시하고 있다. 교과목별 역량을 정리하면 표 2-4와 같다.[24] 총론 중심으로 역량에 대한 논의가 머물러 있던 2009 교육과정 개정에서 가장 크게 달라진 부분이라고 할 수 있을 것이다.

---

24. 교과목별 역량의 세부내용들은 부록에 표로 첨부하였다.

| 표 2-4 | 2015 개정 교육과정의 교과 역량[25]

교과	교과 역량
바른생활	공동체, 자기관리, 의사소통
슬기로운 생활	창의적 사고, 지식정보처리, 의사소통
즐거운 생활	심미적 감성, 창의적 사고, 의사소통
실과	실천적 문제해결, 생활자립 능력, 관계형성 능력
국어	비판적·창의적 사고, 자료·정보 활용, 의사소통, 공동체·대인 관계, 문화 향유, 자기 성찰·계발
수학	문제해결, 추론, 창의·융합, 의사소통, 정보 처리, 태도 및 실천
과학	과학적 사고, 과학적 탐구, 과학적 문제해결, 과학적 의사소통, 과학적 참여와 평생 학습
음악	음악적 감성, 음악적 창의·융합 사고, 음악적 소통, 문화적 공동체, 음악 정보처리, 자기관리
미술	미적 감수성, 시각적 소통, 창의·융합, 미술 문화 이해, 자기주도적 미술 학습
사회	창의적 사고력, 비판적 사고력, 문제해결력 및 의사결정력 의사소통 및 협업 능력, 정보활용 능력
도덕	자기 존중 및 관리, 도덕적 사고, 도덕적 정서, 도덕적 공동체의식, 윤리적 성찰 및 실천 성향
영어	영어 의사소통, 자기관리, 공동체, 지식정보처리
체육	건강 관리, 신체 수련, 경기 수행, 신체 표현

---

25. 교육부(2015b), 교육부(2015c), 교육부(2015d)의 내용을 종합하여 표로 정리한 것이다.

한문	의사소통, 정보처리, 창의적 사고, 인성, 심미적 감성
환경	환경 감수성, 환경 공동체 의식, 성찰·통찰, 창의적 문제해결, 의사소통 및 갈등해결, 환경정보 활용
제2 외국어	의사소통, 해당 언어권의 문화 이해

교과역량에서 강조하는 바를 시각적[26]으로 묘사해보면 아래 그림과 같이 표현할 수 있을 것이다.

교과 역량에 대한 워드 클라우드. 이제 교과 수업은 단순히 내용 지식을 전달하는 게 아니라 정보처리, 자기관리, 창의적 사고, 심미적 감성, 의사소통, 공동체 등 다양한 역량을 함양하는 방향으로 이루어져야 한다.

---

26. Nvivo 12 Pro의 'Word Cloud'기능을 활용하였으며, 이는 단어의 빈도를 조사하여 시각적으로 표현할 수 있다. 각 교과의 역량들에 나오는 단어들을 기준으로 빈도수를 조사해 본 결과 의사소통이 11번, 사고(thinking)와 창의 9번, 공동체 6번, 정보처리 5번, 문제해결 4번 등장하였다.

총론뿐만 아니라 각 교과에 있어서도 미래사회를 위해 학생들에게 필요한 역량으로 의사소통과 창의성, 공동체, 사고력 등을 강조하고 있음을 알 수 있다. 그리고 이러한 내용들은 총론에서 주장하고 있는 역량과 비교해서 크게 벗어나지 않는 것들이다. 각 교과별 세부역량에 관해서는 이 책의 부록에 따로 정리해두었으므로, 관심 있는 분들은 참고하였으면 한다.

창의적인 인재를
키워내기 위한 학교의 역할

교육에서 역량이 강조되기 이전부터 '창의성'에 관해서는 이미 꽤 오래전부터 관심이 집중되어왔다. 과거 우리나라의 교육은 융통성이 부족한 획일적 엘리트만을 양산해왔다는 것에 대한 반성과 함께 학교 교육을 통하여 창의적인 인재를 육성해야 한다는 반성은 지속적으로 이루어진 것이다.

하지만 너도나도 창의성이 중요하다고 말로는 떠들고는 있는데, 그렇게 중요하고 강조되는 개념임에도, 정작 '창의성이란 무엇인가?'라는 질문을 받게 되면, '뭔가 남들이 하지 않은 생각을 하는 것' 정도의 막연한 답변만이 떠오를 뿐이다. 하지만 이처럼 구체적으로 정리되지 않은 막연한 생각만으로, 학생들의 창의성을 신장하도록 올바로 지도한다는 게 과연 가능할지 모르겠다.

아울러 교육과정에서 제시되고 있는 단어들의 면면을 살펴보더라도, 창의성 신장을 특히 강조하고 있음을 알 수 있는데, 이는 창의성 신장이라는 것이 더 이상 특수하게 조직된 수업 상황, 즉 영재와 같은 소수 학생들에게만 요구되는 역량이 아니며, 일반적인 학교 교실에 있는 다수의 학생들에게도 지도되어야 함을 의미하는 것으로 보아야 한다. 그래서 이번 기회에 창의성에 대한 개념을 다시 한 번 짚어보려고 한다.

창의성에 대한 보편적인 이론

토렌스^{Torrence} (1963, 1974)는 "독창성, 유창성, 융통성을 포함하는 창의적인 작업을 수행하는 모든 정신작용의 종합적인 능력"으로 창의성을 정의하였다. 창의성과 관련된 다양한 연구들은 이러한 정의를 기반으로 하고 있으며, 공통적으로 제시하고 있는 창의성의 요소로는 독창성, 유창성, 융통성, 정교성이 주로 포함되고 있는 것을 알 수 있다.

따라서 학교 교육은 학생들에게 독창적인 사고의 기회를 제공하고, 발산적인 사고를 장려하며, 아울러 자신의 생각을 정당화시키기 위한 노력의 기회도 제공해야 한다. 4가지 요소들의 의미를 박만구(2009)와 한정민, 박만구(2010)는 다음과 같이 정리한 바 있다.

- 독창성: 기존의 것과 다르게 새롭고 독특한 아이디어를 산출하는 능력. 즉 문제해결 과정에서 남다른 독특한 아이디어를 이용하여 문제를 해결하는 능력으로 반응의 상대적 희귀 빈도와 질적인 참신성 및 가치가 높을수록 독창성이 높다고 할 수 있다.

- 융통성: 고정적인 사고방식에서 벗어나 여러 각도에서 다양한 해결책을 찾아내는 능력. 즉 동일한 문제를 해결하는 과정에서 다른 학생들보다 해결하는 방법이나 전략의 수가 많거나 특정한 방법이나 전략을 이용하여 문제해결이 힘들거나 복잡할 경우 즉각 대안적인 방법이나 전략을 구상하여 문제를 해결한다면 융통성이 높다고 할 수 있다.

- 유창성: 특정한 문제 상황에서 가능한 많은 아이디어나 반응을 산출하는 능력. 즉 문제를 해결하는 의미 있는 반응의 개수가 많거나 학습한 원리법칙 및 전략을 다양한 장면의 문제해결에 활용할 수 있는 학생은 유창성이 높다고 할 수 있다.

- 정교성: 기존의 아이디어에 유용한 세부사항을 추가하여 정보를 상세하면서도 일목요연하게 표현하는 능력. 즉 학습을 통하여 학생들이 새로이 발견하고 이해한 개념이나 원리, 법칙 및 기타 정보를 많은 사람들이 공감할 수 있도록 간결·명료하게 표현할수록 정교성이 높다고 할 수 있다.

이러한 창의성 이론을 바탕으로 학생들의 창의성을 신장시키기 위한 수업을 준비한다고 한다면, 독창성과 융통성 그리고 유창성과 정교성을 기를 수 있는 기회를 수업시간에 학생들에게 제공해야 마땅할 것이다. 창의적인 학생이라면, 이러한 4가지 영역에서의 능력이 잘 발달되어야 하기 때문이다.

학생들이 창의성을 키워갈 수 있도록 기회를 제공하는 수업 방법으로는, 주로 수업을 진행하면서 다루고 있는 주제에 대해서 수업에 참여한 학생들에게 아이디어를 다양하게 생각하도록 하고, 그 아이디어들을 모아보는 방법이 있다. 이 과정에서 독창성을 기를 수 있는 기회를 제공하기 위해서는 모아진 아이디어들 중에서 가장 중복되지 않은 독특하고 참신한 아이디어들을 찾아보게 하고, 이러한 과정을 통해서 학생들은 자신이 이전에는 전혀 생각하지 못했던 아이디어를 생각해볼 기회를 가지게 된다.

융통성은 주어진 문제해결을 다양한 영역과 관점에서 접근하는 것과 관련되므로, 모아진 아이디어들을 유사한 영역이나 관점으로 그룹화 시켜보는 활동을 해보도록 하고, 이를 관찰하게 함으로써 하나의 수업 주제에 대해서 모아진 아이디어들이 다양한 영역이나 관점으로 분리될 수 있음을 깨닫게 할 수 있다.

유창성은 융통성이나 독창성과는 다르게 많은 아이디어를 제시하는 것이 중요하다. 따라서 아이디어를 모으는 과정에서 학생들은 자신과 다른 수많은 아이디어들을 접할 기회를 가져야 한다.

마지막으로 정교성은 자신이 가진 생각들을 한층 명료하고 정확하게 만드는 과정이다. 교사는 수업시간에 학생들에게 제시한 아이디어에 대해서 자세한 설명을 요구하거나, 독창성이나 융통성 등을 발휘한 활동에서 왜 그 아이디어가 독창적이라고 생각하는지, 또는 유사한 아이디어끼리 묶은 근거가 무엇인지 등에 대해서 학생들에게 자신의 생각을 표현하도록 함으로써 정교성을 신장시킬 수 있는 기회를 제공할 수 있다.

그러나 이러한 관점에서도 과연 창의성이라는 것이 모든 학생에게 지도될 수 있는 것인지에 대해서는 여전히 의문이 남는다. 왜냐하면 창의성이라는 것은 어쩐지 아인슈타인이나 에디슨처럼 일부 뛰어난 사람들의 전유물이라는 생각이 남아 있기 때문이다.

모든 학생의 창의성 교육을 위한 4C 모델

만약 창의성이라는 것을 그저 소수의 상위권 학생에게만 요구되는 특수한 역량으로만 규정한다면, 공교육을 담당하는 학교 교육이나 교육과정 속에서 굳이 창의성을 강조해야 할 이유는 없을 것이다. 그렇다면 일반 학교에서 창의성 신장에 대한 요구는 매우 축소될 수밖에 없다.

그러나 이제 창의성 교육은 몇몇 우수한 학생들이 아닌 모든 학생에게 꼭 필요한 역량이라는 생각이 지배적이다. 이러한 시점에서 카우프만과 베게또[Kaufman & Beghetto](2009)의 연구를 살펴볼 필요가 있다고 생각한다. 이들은 일상적인 창의력 단계인 'little-c'와 탁월한 창의성 단계인 'Big-C'로 양분되어 고려되던 창의력의 개념에 'mini-c'와 'Pro-c'를 추가시켜 mini-c, little-c, Pro-c, Big-C의 4C 모델로 확장시켰다.

이러한 개념의 확장은 창의성의 발달 단계를 제시해줄 수 있을 뿐만 아니라, 모든 학생에게 창의성 교육이 가능하고 또 필요하다는 것을 설명할 수 있게 하였다. 카우프만과 베게또(2009)가 주장한 4C 각각의 의미를 살펴보면 다음과 같다.

- mini-c: 학생의 학습과 관련이 있다. 새로운 정보에 대한 변환과 재구성, 심리 구조는 개인의 성향과 사전 지식을 기반으로 하는데, 이러한 해석적이고 변환적인 과정이 'mini-c'로 불리는 창의적인 노력이다. 물론 학습 자체가 창의적인 것은 아니다, 다만 지식의 발달이나 'little-c' 혹은 'Big-C'와 같은 창의성의 형태가 'mini-c'에서 기원된다(Beghetto & Kaufman, 2007: 73). 하지만 'mini-c' 자체가 발전하는 것은 아니며, 이것이 적절하게 다루어져야 'little-c'의 단계로 연결될 수 있다.
- ittle-c: 일상생활에서의 비전문적인 창의력 단계라고 할 수 있다. 주변 집단에 비해서는 뛰어나지만, 전문적인 단계는 아니다.
- Pro-c: 'little-c'를 넘어섰지만 'Big-C'의 단계에는 도달하지 못한 전문적인 창조자의 단계이다. mini-c에서 형식적인 교육을 통하여

Pro-c에 도달하기 위해서는 일정 기간의 노력이 필요한데, 이를 '10년의 법칙'이나, '1만 시간의 법칙'이라고 표현하기도 한다.

- Big-C: 이 단계는 좀 더 전문적이고 특정 영역(domain)에서 탁월한 창의적 업적을 남기는 단계를 이야기한다. 'Big-C' 수준의 사람들의 예로는 아인슈타인이나 퓰리처상 수상자들, 베토벤, 모네, 에디슨 등이 있다.

이상과 같이 카우프만과 베게또는 비록 개인의 차이는 있을 수 있지만, 'mini-c', 'little-c', 'Pro-c', 'Big-c'의 단계를 거쳐서 창의성이 발달할 수 있다고 했다. 각각 단계의 관계를 나타낸 창의성의 모델은 다음 그림처럼 표현할 수 있다.

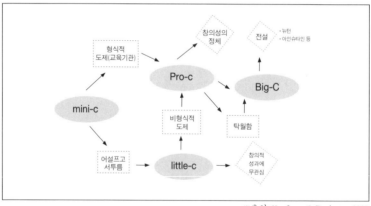

※출처: Kaufman & Beghetto, 2009

4C 모델. 이 모델은 창의성이 에디슨 같은 천재뿐만 아니라 일반 학생들에게도 필요한 역량이고 또 신장시킬 수 있다는 설명을 해주는 측면에서 의미가 있다.

고등학교 이하의 학생들 대부분은 관심과 흥미에 따라 교육과정이나 진학하게 될 학교 종류를 선택하지만, 아직까지 특정 영역의 전문가로 보기는 어렵다. 또한 입시 중심의 시스템 안에서 전문적인 수준에서 10만 시간의 노력을 하기란 거의 불가능하다. 그렇기 때문에 우리가 생각하는 'Big-C' 수준의 창의성을 일반적인 교실 상황에 적용시키고 기대한다는 것은 사실상 부적절하다.

그러나 'Big-C' 수준의 창의성은 일정한 단계와 노력을 통해서 나타나게 됨을 4C 모델을 통해 알 수 있다. 따라서 학생들이 'Pro-c', 'Big-C' 단계의 발전된 미래 인재로 성장하기 위해서는 'little-c'와 'mini-c' 단계의 창의성 개념은 일반 학생들에게 수업을 통해 적용되어 제공되어야 할 것이다. 이러한 측면에서 학생들이 학습을 통해 자기의 생각을 만들고, 생활 주변의 문제들을 자신의 학습과 연결시켜보는 활동은 학생들의 창의성 개발을 위한 기반을 다지는 데에 매우 중요한 역할을 하게 된다.

역량은 대체 어떻게 평가할 것인가?

현장 교사들에게 있어 평가는 늘 고민거리가 아닐 수 없다. 과거에는 습득한 지식을 중심으로 평가하는 결과 중심 평가가 효율을 앞세워 오랜 시간 대세의 자리를 굳혀왔다. 하지만 최근 들어서는 결과뿐만 아니라 학습 과정 전체를 평가 대상으로 두는 과정 중심 평가에 대한 관심이 뜨거워지고 있다. 하지만 말이 쉽지 배움의 과정이라는 것이 눈에 보이는 것도, 손에 잡히는 것도 아니기 때문에 어떻게 해야 배움의 과정 전체를 평가할 수 있을지에 대해서는 아직까지 의견이 분분하며 평가 방법에 관해서도 완전한 합의에 이른 상태가 아니다.

역량의 평가 역시 마찬가지다. 창의성이나 자기관리, 정보처리, 공동체, 심미적 감성, 의사소통 등이 겉으로 명확히 드러나기란 어려울 수 있기 때문에 역량들을 평가하는 방법에 대해서는 여전히 더 많은 고민이 필요하다.

수업심리학에서도 수업을 통해 신장된 학습자의 역량을 평가하는 것은 실로 어렵고도 중요한 문제다. 어쨌든 중요한 사실은 수업을 통해 과연 얼마만큼 학생들의 역량이 성장했는지 여부를 평가할 수 있어야 한다는 점이다.

여기에서 한 가지 조언할 수 있는 것은, 역량이 제대로 평가되기 위해서는 역량과 관련된 학습의 목표가 무엇인지를 명확하게 밝히는 과정이 가장 우선시되어야 한다는 점이다. 이 책을 처음 시작할 때 이야기한 것처럼 모호한 목표는 결국 모호한 평가로 이어질 수밖에 없기 때문이다.

실제로 수업 후 학생들의 평가를 진행해야 하는 교사들에게 조금이나마 도움을 주기 위해 지금까지 연구된 평가 방안에는 어떠한 것이 있는지 잠시 살펴보려 한다. 역량 평가에 대한 내용을 살펴봄에 있어서 2015 개정 교육과정의 고시 이전에 연구된 자료들은 역량에 대한 개념이나 요소가 다소 상이할 수 있다. 그러나 실제 역량의 개념이 제시되고 있었던 것 자체가 2015 개정 교육과정을 연구하던 시기보다 훨씬 앞서 있으며, 이러한 연구 자료들을 살펴보는 것도 나름의 의미를 제공할 수 있다고 판단하였기 때문에 함께 제시하려고 한다.

자기보고식 체크리스트

교과 수업에서 역량을 평가하기 위한 첫 번째 방법으로 소개할 것은 바로 체크리스트 방식이다. 박정미(2014)는 국어과에서의 융합 수업이 고등학생의 핵심역량과 국어역량에 미치는 효과를 분석하기 위해서 자기보고식 평가의 방법을 활용하여 역량을 체크하도록 하였다. 현재까지 논의되고 있는 역량 평가 방법 중에서 학생의 발전을 도모할 수 있는 장점과 함께 가장 보편적으로 활용할 수 있는 방법이라고 소개할 수 있다. 하지만 피드백 목적보다는 석차나 등급, 즉 점수화에 좀 더 관심이 집중되어 있는 우리나라의 평가에 대한 정서로 인하여 학교 현장에서 바로 적용되기 위해서는 추가적인 논의가 필요하다.

| 표 2-5 | 국어 역량 체크리스트 예시

	문항	평가
1	대한민국이 다문화 사회로 진입함에 따라 달라진 모습에 대해 말할 수 있다.	1 2 3 4 5
2	대한민국이 다문화 사회로 이행되는 추세에 대해 다양한 통계 자료를 분석하여 발표할 수 있다.	1 2 3 4 5
3	다문화 사회에 따른 직업 세계의 변화에 따라 진로계획을 세워 발표할 수 있다.	1 2 3 4 5
4	다문화 사회에 따른 사회 변화와 그에 따른 직업 세계의 변화를 설명할 수 있다.	1 2 3 4 5
5	다문화 소설 속 문제 상황 및 그에 따른 해결이 관용과 문화적 소통에 있음을 이해할 수 있다.	1 2 3 4 5
6	다문화 사회를 대비한 다양한 정책들 중 적절한 정책을 선별할 수 있다.	1 2 3 4 5
7	매체의 효과와 특성을 고려하여 내용을 조직하고 발표할 수 있다.	1 2 3 4 5
8	구글 어스 스트리트 뷰로 세계자연유산에 대한 다양한 정보를 수집할 수 있다.	1 2 3 4 5
9	지속 가능한 발전에 따른 직업 세계의 변화에 따라 진로계획을 구체적으로 말할 수 있다.	1 2 3 4 5
10	지속 가능한 발전에 따른 사회 변화와 그에 따른 직업 세계의 변화를 말할 수 있다.	1 2 3 4 5

※출처: 박정미, 2014

이 표에서 예시된 바와 같은 자기보고식 체크리스트를 활용함에 있어서 역량의 성취에 대한 판단 기준은 관찰자가 아닌 학생 본인에게 두고 있다. 본인 스스로의 판단에 의해서 역량의 신장 여부를 평가되는 것은 관찰자의 눈으로는 미처 확인할 수 없는 부분까지도 확인할 수 있는 장점이 있다. 따라서 그러한 측면에서 볼 때는 어쩌면 가장 정확한 평가가 될 수도 있을 것이다. 그러나 평가 결과의 활용 방안이라든가 평가 자체의 신뢰성 확보가 어려운 문제 등을 감안할 때 좀 더 고민이 필요하다.

그리고 행위기준 평정 척도의 경우 평가 계획에 따라서 수업을 디자인하는 것이 가능하므로, 수업과 평가가 별도로 서로 분리되지 않고, 연속적이고 통합적인 상태에서 이루어질 수 있다는 장점이 있다. 더욱이 평가 문항을 사전 공개하면 수업에서 핵심적인 역량을 키우는 데 학습자의 자발적인 노력까지도 유도할 수 있어 성장을 위한 동기 부여가 가능하다.

그러나 이러한 체크 문항들이 과연 교과 내용과 역량을 아우르면서 정확하게 작성될 수 있는지, 매 시간 단원이 바뀔 때마다 이를 고민해서 작성한다는 게 실제로 가능한지에 대해서는 논란의 여지가 있다. 아울러 교사가 수업을 진행함에 있어서 자칫 주어진 체크리스트에 포함된 활동만을 학생들에게 유도하게 됨으로써, 본래의 의도인 다양성보다는 오히려 획일성이 강조된 수업으로 흘러갈 수도 있음에 유념해야 한다.

역량 문항

자기보고식 평가 이외의 방법을 활용한 연구들도 물론 있다. 이진희, 김형규, 홍성연(2014)은 국어과의 의사소통 역량 평가를 위한 문항을 개발하였다. 개발한 문항 중에서 토론 영역의 '전달과 표현' 역량의 측정과 관련하여 아래 표와 같이 역량 평가 문항을 개발하여 제시하였다.

| 표 2-6 | 국어과 역량평가 문항 예시

| 전달과 표현 | 4. 다음 글은 옳고 그름에 대한 인지적 능력과 잘못된 행동에 대한 도덕적 책임 사이의 관계에 대한 일반적인 믿음을 논리적으로 평가하고 있다. 마지막 문장으로 가장 적절한 것은?

옳고 그름을 구별할 줄 아는 사람만이 잘못된 행동에 대한 책임을 질 수 있다. 다시 말해서 옳고 그름을 구별할 줄 아는 능력은 어떤 행동에 대한 책임을 물을 수 있기 위한 최소한의 조건이다. 이런 이유로 발달 장애를 겪었거나 정신병을 앓는 피의자에게는 그 행동에 대해서 책임을 물을 수 없다. 그러나 많은 어린이가 옳고 그름을 구별할 수 있음에도 범죄의 책임을 지지 않는다. 그러므로 _____

① 범죄에 책임을 질 수 있는 사람만이 옳고 그름을 구별할 수 있다.
② 잘못에 책임을 지는 모든 사람이 옳고 그름을 구별할 수 있는 것은 아니다.
③ 어린이의 행위에 책임을 묻지 않는 것은 부모가 어린이의 옳고 그름을 인식하게 하는 데 큰 역할을 하기 때문이다.
④ 옳고 그름을 구별할 줄 아는 능력이 피의자에게 범죄의 책임을 물을 수 있는 충분한 요건이라는 생각은 옳지 않다. |

※출처: 이진희 외, 2014

문항으로 학생들의 역량을 평가하는 방법은 자기보고식 평가에 비해 좀 더 교사의 수업 의도에 맞추어 학생의 역량 신장 여부를 확인할 수 있다는 장점이 있다. 특히나 모든 학생을 관찰해야 한다는 현실에서 마주하게 되는 어려움을 극복할 수 있다는 점에 높이 평가할 수 있다.

조금 낯설기는 하지만, 이와 같이 역량은 지필의 형식으로도 평가할 수 있다. 물론 역량이라는 개념이 모두 지필의 형식으로 평가할 수 있는 게 아니라는 점에서 한계는 있다. 이와 관련하여 백순근 외(2007)는 교사의 역량을 평가하기 위해서 교수역량을 '이론적 교수역량'과 '실천적 교수역량'으로 구분하여 이론적 교수역량은 이론 전문가가 제시하는 평가 문항에 의해서, 실천적 교수역량은 실천 전문가의 참여와 관찰에 의해서 평가하는 방식을 활용하기도 하였다. 그렇기 때문에 지필평가의 형식으로도 역량에 대한 평가가 충분히 가능하다. 그렇지만 그보다 훨씬 더 중요한 것은 이론적 측면과 실천적 측면을 함께 고려할 수 있어야 한다는 점일 것이다.

행동기준 관찰

앞서 언급한 것들과는 다소 다른 관점으로 역량의 평가에 대해서 접근한 연구들도 있다. 경기도 교육청(2014)에서 제시한 자료를 살펴보면 역량에 대한 평가의 목적은 점수화에 있다기보다는 역량의 성취 여부를 확인하려는 것이 목적이었다. 따라서 대부분 일정한 행동 기준을 확인할 수 있도록 '학습의 증거'가 제시되어 있으며, 관찰을 통하여 이를 확인하는 방식으로 계획되어 있다. 이

| 표 2-7 | 성취역량 및 학습의 증거 사례a

	역량의 증진 (방법 목표)
자기주도 학습 능력	수업의 과정에서 주어진 문제 상황을 해결하고, 해결 과정에서 발생한 오류와 모순에 대해 스스로 수정하여 올바른 배움이 발생될 수 있도록 스스로 반성하기 *소설의 한 부분을 제시하여 규칙성 찾기를 통한 문제 맞추기 *전체의 학습 과정에서 문제 상황을 반성할 수 있는 기회를 제공
자기관리 능력	주어진 모든 수학적 문제 상황들을 해결하기 위해 학생 개인의 노력을 집중해서 수업시간을 활용하고 시간을 관리하기
협력적 문제 발견 및 해결 능력	멘토링 릴레이 게임 방법을 통하여 문제를 상호 공유하여 해결 *4-LEVEL의 게임을 조별로 제공
문화적 소양 능력	예술 작품을 통하여 규칙성의 아름다움을 감상하고 수업시간 수학의 특징인 일반화를 통하여 수학의 심미적 가치를 이해하기 *프렉탈 아트에 대한 소개하기
의사소통 능력	다른 학생의 의견을 경청하고, 스스로의 의견을 명확하게 표현하기 *등차수열을 마치고 상황을 제시 *의사소통 중심의 활동지 제시
대인관계 능력	멘토링 릴레이 게임 방법을 통하여 문제를 공유하여 해결하고 합리적으로 문제를 해결
민주시민의식	주어진 활동을 책임감 있게 수행하고, 주어진 규정과 규칙을 준수하여 함께 협력하고 배움의 효율성을 함께 향상

※출처: 경기도교육청, 2014

는 백워드 교육과정에서 활용되는 준거지향 평가의 방법과도 일치하는 측면이 있다. 행동을 기준으로 한 역량 평가 기준의 사례는 각각 다음의 표 2-7, 2-8과 같다.

| 표 2-8 | 성취역량 및 학습의 증거 사례b

성취역량	학습의 증거
▶ 이해하고 구상하기 - 자기주도 학습 능력 - 문화적 소양 능력	이 단계에서는 학습자의 프로젝트에 대한 이해 정도를 파악하고 '탁류'라는 제목을 통해 대강의 스토리를 추론하여 자신의 생각을 미리 적어보고 독서 후와 비교해본다. 또한 당시의 시대배경을 이해하고, 식민지 당시의 사회·경제적 특징을 파악한다.
▶ 실천하기 - 협력적 문제 발견, 해결 능력 - 대인관계 능력 - 의사소통 능력	모둠별 프로젝트 진행 과정에서 발생하는 문제에 대한 해결 과정을 교사가 분석하고 기록한다. 상대방을 이해하고 자신의 의견을 설득력 있게 제시하여 학습자 간의 합리적 문제해결력을 기를 수 있으며, 개인별 보고서 및 모둠별 보고서 작성 과정에서 도출되는 문제를 어떻게 해결해나가는지 관찰하고 기록한다. 작품을 읽고 토론하는 과정에서 상대방의 의견을 경청하고 자신의 생각을 논리적으로 펼칠 수 있는 능력을 가진다. 부잔교를 이용한 과학적 원리를 이해하고 미두취인소를 중심으로 한 선물거래의 특징을 경제적 원리를 적용하여 이해하도록 한다.
▶ 공유하기 - 자기관리 능력 - 민주시민의식	프로젝트 결과를 산출물로 제작하는 과정에서 모둠원 간의 역할 수행에 대한 피드백이 필요하고, 발표 과정을 모니터링하고 타 모둠발표 시 경청하는 태도를 가질 수 있도록 지도한다. 다른 문학작품 속에서 알 수 있는 역사적 사실들을 찾아보고 현재 자신이 살고 있는 지역과 관련된 내용을 찾아본다.

※출처: 경기도교육청, 2014

앞선 표에서 제시된 예시들을 살펴보면 수업시간에 교과 활동을 통해서 역량이 자연스럽게 습득되는 것으로 보고 있다는 점을 확인할 수 있을 것이다. 아울러 학생들의 행동기준을 통하여 역량의 성취 여부를 판단하는 것으로 평가를 제한하고 있는 점은 기존의 서열화보다는 학생들의 성장을 좀 더 중점적으로 고려하고 있다는 측면에서 의미가 있다.

하지만 현재의 교실 상황에서 교사가 모든 학생들의 행동을 관찰하는 것이 과연 가능한지, 행동으로 관찰이 불가능한 역량은 대체 어떻게 확인해야 하는지에 대해서는 좀 더 고민이 필요하다. 또한 해당 수업시간 내에 학생들이 교사가 의도했던 역량을 드러내지 않거나 또는 관찰하지 못했다고 해서, 그 학생이 해당 역량을 성취하지 못했다고 결론을 내리는 것이 과연 타당한지 등에 대해서도 좀 더 연구하고 생각해볼 필요가 있다.

역량의 강조는 교과 내용 교육의 축소를 의미하지 않는다

수업의 중심이 단편적 교과 지식 전달에서 벗어나 학생 개인의 내적 능력인 역량 강화로 변화되고 있는 점은 매우 고무적인 일이라고 할 것이다. 다만 교육에서 역량이 강조될 때에 우리 교사들이 경계해야 하는 지점이 있다. 그것은 바로 기존에 교육의 목표로 굳건히 자리를 지켜온 내용적 측면이 심각하게 훼손 또는 약화될 수 있다는 측면이다. 필자는 역량 강화의 의미가 교과 내용에 대한 교육의 축소나 소홀을 의미하는 것으로 오해되어서는 안 된다고 생각한다.

또한 교육의 본질적 목적은 결과 그 자체라기보다는 성장해나가는 데 있지 않을까? 성장은 과정 속에서 나타나게 된다. 우리 학생들이 미래사회의 핵심인재로 성장할 수 있도록 교사들은 수업을 통해 학생 개개인의 역량을 신장시킬 필요가 있다. 학생이 성장하고 변해가는 과정에서 의미 있는 평가와 피드백이 지속적으로 제공될 때, 수업을 통해서 학생들의 진정한 역량 신장이 가능해질 거라고 믿는다.

03
좋은 수업 관계를 만드는 첫걸음, 학생의 욕구 이해하기

우리나라 학부모들은 유독 사교육에 열광한다. 오죽하면 '미친 사교육'이라는 말까지 쓸까? 사교육이 성할수록 정작 등골이 휘는 건 학부모이건만, 공교육에 대한 불신과 함께 사교육의 위세는 어째 날이 갈수록 점점 더 거세지고 있다. 수년 전부터는 오프라인 사교육뿐만 아니라 인터넷 강의를 통한 온라인 사교육 시장 또한 날로 방대해지고 있는 실정이다.

일부 사람들은 인터넷을 활용하면 국내는 물론 세계 유명한 석학들의 강의도 얼마든지 쉽게 접할 수 있기 때문에 머지않아 학교가 아예 사라져버릴 것이라고 섣불리 이야기하기도 한다. 이런 이야기를 들을 때마다 교사로서 참담한 마음이 드는 게 사실이다. 그러나 분명히 말하건대, 이러한 예측을 하는 사람들은 학교의 역할을 단순히 지식 전달 수준에서만 이해하고 있다는 점을 짚고 넘어가고 싶다.

학교는 결코 그저 학생들에게 새로운 지식만을 전달해주기 위해 존재하는 공간이 아니다. 우리가 주목해야 하는 부분은 학교가 교사와 학생, 학생과 학생 그리고 학생과 지식이 만나 서로 관계를 맺는 곳이라는 데 있다. 따라서 아마도 인터넷 동영상 강의의 위세가 아무리 대단하다고 한들 학교를 완전히 대체하기는 어려울 것이다.

수업심리학에서 주목하고 또 우리 교사들이 수업에서 신경써야 할 점은 바로 **좋은 관계**를 맺는 것이다. 좋은 관계라는 것은 비단 사람과 사람 사이에만 국한되는 것이 아니다. 학생과 지식 사이의 좋은 관계를 형성하는 것도 중요하다. 하지만 무엇보다 학생과 학생, 교사와 학생 사이에 좋은 관계를 형성하는 것은 실로 매우 중요하다. 다시 말하지만 학교의 역할이 단순히 지식을 전달해 가르치는 것에만 그치는 것은 아니기 때문이다.

그러나 사람과 사람 간의 좋은 관계를 형성하는 일은 생각보다 어렵다. 왜냐하면 사람들은 저마다 다양한 개성을 소유하고 있다. 그렇다 보니 그만큼 사람마다 욕구도 다르고, 보이는 반응이나 태도도 다양하며, 가치관도 매우 다르기 때문이다. 그리고 이러한 차이들이 때로는 좋은 관계의 형성을 방해하는 요인이 된다. 그렇기 때문에 이를 해결하기 위한 본질적인 해석이 필요한 것이다.

교사와 학생의 갈등은 어떻게 해석해야 하는가?

여러분은 매일 어떤 마음으로 교실 문을 들어서는지 한번 생각해보았으면 한다. 즉 수업이 시작될 때, 교사들이 어떤 마음 상태로 교실에 들어가는지 생각해보자는 것이다. 교사마다 처한 상황은 다르겠지만, 단순히 해당 학급의 학생들과의 관계가 잘 형성된 경우와 그렇지 않은 경우, 둘로 나누어서 생각해보자.

소통이 잘 되고, 관계 형성도 잘 이루어진 학급에 들어갈 때면 학생들을 만난다는 것이 교사에게 보람은 물론 행복감을 느끼게 해줄 것이다. 반면 그렇지 않은 경우, 즉 일방향 소통에 관계마저 껄끄러운 학급의 수업에 들어가는 것만으로 교사의 마음은 수업을 시작하기도 전에 이미 무겁고 힘들며, 때로는 학생들에게도 이러한 마음을 감추기 어렵다. 학생들과 관계가 좋지 않은 수업에 들어갈 때면, 어쩐지 학생들의 태도도 더욱 불량하게 느껴지고, 사소한 문제행동도 교사의 심기를 건드려 불편하게 만든다. 더욱이 교사는 수업 중에 학생들로부터 존중받지 못한다고 느끼며, 교사 자신의 수업 자존감마저 저하될지 모른다.

교사도 인간인지라 항상 좋은 마음으로 학생들을 대하기는 어렵다. 학생들을 대하는 교사의 마음은 때론 행복할 때도 있지만, 한편으론 괴로울 때도 있는 것이다. 교사의 입장에서 단편적으로 생각하면, 이러한 문제의 원인을 학생들의 반응이나 행동 때문이라고 판단할 수도 있을 것이다. 그렇다면 학생들의 행동을 교사가 바라는 방향으로 수정을 해주면 해결될 수 있지 않을까? 그러나 말이 쉽지 학생들의 행동을 교사가 원하는 방향대로 수정하기란 어려운, 아니 어쩌면 불가능한 일일지도 모른다.

물론 학교에서 교사가 발휘할 수 있는 권력과 힘이라면 어느 정도는 강압적인 방식으로 학생들을 통제할 순 있을 것이다. 그러나 이것이 과연 바람직한 방법인지에 대해서는 여러 가지로 문제가 있다. 왜냐하면 사회화의 과정에서는 이해할 수도 있겠지만, 학생의 내적인 성장을 추구하는 교육에서 볼 때는 심각하게 고민해봐야 하는 측면이 있기 때문이다.

교사가 아이들의 '욕구'에 주목해야 하는 이유

이러한 상황의 근본적인 원인을 해결하기 위해 우리는 바로 '욕구'에 주목해볼 필요가 있다. 인간의 행동과 감정은 다양한 욕구로부터 나온다는 것을 여러분도 아마 잘 알고 있을 것이다. 학생과의 갈등 상황을 교사의 욕구와 연결시켜보면 어떨까? 학생들뿐만 아니라 교사들에게도 저마다 다양한 욕구가 존재한다. 특히, 많은 교사들은 아이들에게 인정과 존중을 받는 교사가 되고 싶을 것이다. 김현섭, 김성경(2018)에 따르면, 교사들의 이런 행동 특징에 대해 무엇인가를 성취해내려는 **힘의 욕구**가 높은 편이라고 설명한다.

그렇다면 이제는 교사와 학생의 만남을 교사와 학생 **욕구의 만남**으로 해석해보려는 노력이 필요하다. 즉 이러한 교사의 욕구를 수용할 수 있는 특성을 가진 학생들이 좀 더 많은 교실이 있는가 하면, 이를 수용하지 못하고 교사의 욕구와 첨예하게 대립하는 욕구를 가진 학생들이 더 많은 교실이 있을 수 있다.

흔한 말로 "그 반 아이들은 나랑 잘 안 맞아!"라며 서로 잘 맞지 않는다는 표현을 쓰기도 하지만, 그러한 갈등의 본질적 원인은 결국 교사와 학생이 가지고 있는 **욕구 간 상충**으로 해석할 수 있다. 그렇기 때문에 교실 수업에서 학생들과의 관계를 개선하고, 학생들의 마음을 움직이려면 우선 우리 교사들이 이러한 욕구에 대해서 충분히 이해하고, 또 잘 다룰 수 있어야 할 것이다.

왜 욕구에 대한 이해가 필요한가?

여러분도 아마 여러 경로를 통해 **감정 코칭**에 대해 접해본 적이 있을 것이다. TV에서도 방영되며, 아이의 정서지능과 관련하여 크게 주목을 받은 바 있다. 감정 코칭에서는 아이의 잘못된 행동을 수정하는 데 초점을 맞추지 않고, 행동 속에 숨어 있는 좀 더 근본적인 감정을 이해하고 다스릴 것을 제안한 데서 큰 공감을 얻었다.

특히나 아이의 감정은 묵살한 채 오직 행동 수정만을 목표로 체벌을 가하는 방법이 아니라, 감정에 주목하여 근본적인 문제를 해결함으로써 일시적인 행동 억제 수준의 임시방편이 아닌 지속 가능성을 갖는 방법으로 감정을 코칭[27]할 것을 제안하였다. 아이와 부모가 서로 마음으로 만나는 경험을 통하여 교감하며 함께 변화하는 성장과 관계의 회복을 경험하게 된다는 것이다.

그렇다면 여기서 우리는 좀 더 본질적인 질문을 던져볼 수 있다. 바로 '감정은 어디에서부터 오는 것일까?'에 관한 질문이다. 다음과 같은 주장이 어느 정도 이에 대한 답을 줄 수 있을 것이다.

감정은 욕구에 대한 평가에서 기인한다. 즉 욕구를 충족하기에 좋다고 느끼거나, 충족되었다고 판단하면 행복, 만족, 기쁨, 즐거움 등의 감정이 나타난다. 반대로 욕구를 충족하기에 어렵다고 여기거나 채워지지 않으면 슬픔, 불안, 분노 등의 감정이 나타나게 된다.[28]

"왜 수업시간에 자꾸 딴 짓을 할까?", "왜 수업 내용에 집중하지 않는 걸까?", "왜 내 말을 경청하지 않는 걸까?" 등 수업시간에 교사

---

27. 김은정(2016)은 코칭에 대해서 다음과 같이 정의하였다. "코칭은 컨설팅처럼 전문가가 체계적인 분석 작업을 통해 고객이 믿고자 하는 솔루션을 제시해주는 것이 아니라 효과적인 질문으로 피코치 스스로 자신에게 맞는 답을 찾도록 도와주는 것이다."

28. 김현섭·김성경, 2018, p. 21

를 불편하게 하는 학생들의 다양한 문제행동들이 존재한다. 하지만 이러한 문제행동들을 탓하기 전에 우선 그들이 왜 그러한 행동을 하는지에 대한 이해가 필요하다는 뜻이다. 학생들의 행동을 이해하기 위해서는 먼저 그들의 감정을 이해하려는 노력이 필요하다. 그리고 그러한 감정을 제대로 이해하기 위해서는 그 근원에 존재하는 욕구를 이해하는 것이 꼭 필요하다.

욕구란
대체 무엇인가?

이성적인 태도를 견지하는 교사의 입장에서는 욕구라는 것이 왠지 원초적이고, 다소 부정적으로 느껴질 수도 있을 것이다. 어쩐지 욕구의 충족을 추구한다는 것은 탐욕적이라는 생각마저 들게 하기 때문이다. 그러나 이러한 오해는 단어의 혼동에서 오는 부정적 편견 때문일 것이다. 우리가 흔히 욕구와 혼동하기 쉬운 단어가 바로 '욕망'이다.

욕구와 욕망은 다르다

우선 욕구와 욕망의 뜻을 비교해서 생각해보자. 욕구의 사전적 의미를 살펴보면 "무엇을 얻거나 무슨 일을 하고자 바라는 일[29]"이다. 그러나 욕망은 "부족을 느껴 무엇을 가지거나 누리고자 탐함. 또는 그런 마음[30]"이라고 되어 있다.

사전적으로는 얼핏 서로 비슷한 의미를 가지고 있는 것 같지만, 매우 중요한 차이점이 있다. 즉 욕구가 자신에게 기본적으로 필요한 것을 얻기 위함이라면, 욕망은 기본적인 욕구의 충족을 넘어서는 기대와 추구를 의미한다는 뜻이기 때문이다. 부정적인 의미를 담고 있는 탐욕은 욕구가 아닌 바로 욕망의 충족을 의미한다. 욕구와 욕망은 다음의 표와 같이 서로 대립되는 요소들을 구분하여 비교해볼 수도 있다.[31]

| 표 2-9 | 욕구와 욕망의 비교

욕구	욕망
충족 가능	충족 불가능
필수적	선택적
조작이 쉬움	조작이 어려움
긍정적임	부정적일 수 있음

---

29. naver 국어사전
30. naver 국어사전
31. 김현섭, 김성경(2018)의 내용을 정리하였다.

욕구를 이해하는 것은 변화를 위한 출발점

누군가의 욕구를 안다는 것은 결국 문제의 중요한 핵심을 발견하는 단초가 될 수 있다. 즉 수업시간에 나타날 수 있는 다양한 갈등 상황들을 욕구 간의 충돌로 이해할 수 있게 되면, 그래서 어떤 욕구가 원인이 되어 발생하게 된 문제 상황인지 알게 된다면, 관계 회복을 위해서 얼마든지 함께 노력할 수 있을 것이다.

이러한 측면에서 볼 때 학생의 욕구를 이해한다는 것은, 학생의 마음과 행동 변화를 위한 출발점이 된다고 할 수 있다. 욕구에 대해서 우리에게 가장 널리 알려진 것은 동기 이론에서 자주 소개되는 매슬로우^{Maslow A., 1908~1970}의 욕구 5단계일 것이다. 매슬로우는 5

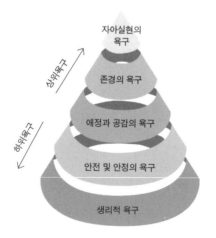

매슬로우의 욕구 5단계. 하위욕구가 충족되면 자연스럽게 그 다음 상위욕구 충족을 위해 노력하게 된다.

단계로 욕구를 분류하여 하위욕구가 충족되면, 그 다음 단계로의 욕구 충족을 위해 노력하며, 이를 통해 자아실현까지 이르는 발달을 위한 단계로 욕구를 설명한 바 있다. 132쪽 그림은 이러한 5단계의 욕구를 도식화한 것이다.

관계의 갈등을 설명해주는 욕구의 특성

그러나 교사와 학생 또는 학생과 학생 사이의 관계에서 갈등을 유발하는 원인이 되는 온갖 복잡한 욕구의 충돌들을 욕구의 5단계만으로 설명하기에는 분명 어려움이 있다. 차라리 인간에게는 저마다 다양한 욕구가 존재하고, 그중에서 특정 욕구의 강약이 사람

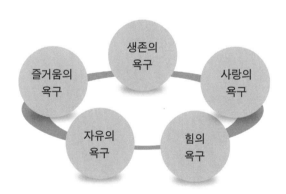

글라써의 5가지 기본욕구. 글라써는 각 개인마다 이 다섯 가지 욕구 중 특정 욕구에 집착하는 경향이 달리 나타날 수 있다고 주장했다.

마다 다르게 나타나기 때문에 개인적인 욕구의 특성에 따라 충돌이 발생한다고 보는 관점에서 관계의 갈등을 설명하는 편이 훨씬 더 설득력이 있다고 할 것이다. 이러한 관점에서 욕구를 설명한 사람이 바로 글라써$^{\text{Glasser W., 1925~}}$이다. 그는 사람들이 가지고 있는 기본욕구를 '생존의 욕구', '사랑의 욕구', '힘의 욕구', '자유의 욕구', '즐거움의 욕구'로 제시하였다(133쪽 그림 참조).

글라써의 주장에 따르면, 예컨대 생존의 욕구가 강한 사람들은 보수적이고 위험을 감수하기를 꺼린다. 사랑과 소속의 욕구가 강한 사람은 가깝고 친밀한 관계를 원하며, 사랑과 관심을 받고 싶어 한다. 힘의 욕구가 강한 사람은 남들로부터 인정받고 싶은 마음이 강하며 존중을 받음으로써 욕구를 충족시키는 경향이 있다. 자유의 욕구가 강한 사람은 구속당하는 것을 싫어하는 열린 마음의 소유자이다. 즐거움의 욕구가 강한 사람은 새로운 것에 대한 호기심이 강해 더 많이 알고 싶어 한다.

교사들이 이러한 욕구의 특징을 이해하고, 학생 각자의 욕구를 충족시킬 수 있는 방법들을 고민해본다면 수업 중에 일어날 수 있는 다양한 갈등 상황을 좀 더 합리적으로 풀어갈 수 있을 것이다. 각각의 욕구와 관련된 특징을 좀 더 보기 쉽게 정리한 것은 다음의 표2-10과 같다.

| 표 2-10 | 욕구의 종류와 특징

욕구	특징
생존의 욕구	- 보수적, 절약, 잘 못 버림 - 소비보다는 저축 - 위험을 감수하기 싫어함 - 건강, 몸에 관심이 많고 식생활에 노력 - 단정한 외모에 관심 - 상식을 따르는 경향 - 이혼 혐오 및 자살을 잘 안함
사랑과 소속의 욕구	- 사람들을 좋아하고 잘 사귐 - 친절, 가깝고 친밀한 관계를 좋아함 - 얼마나 주고 싶은가로 측정 - 다른 사람을 위해 시간을 냄 - 사랑과 관심을 받고 싶어 함 - 얼마만큼의 사랑을 충분하다고 여기는지 사람마다 강도가 다름 - 사랑의 욕구와 소속의 욕구는 다를 수 있음
힘의 욕구	- 가장 충족이 어려운 욕구 - 지시, 충고, 조언 - 인정받고 싶은 마음 - 내말이 옳다 - 내 방식대로 - 탁월성과 리더를 원함 - 자신에 대해 자랑스럽고 가치 있게 여김 - 통제형, 사람을 소유하려 함 - 존중으로 욕구가 채워지기도 함
자유의 욕구	- 오래 지속되는 관계가 어려움 - 소유되는 것이 싫음 - 같은 욕구를 공유하기 어려움 - 규칙에 대한 순응이 어려움 - 한 장소나 한 집단에 오래 머무는 것이 어려움 - 순응하면 자유의 욕구가 낮은 것임 - 지시, 억지로 시키는 것을 싫어함 - 상대방의 자유도 구속하고 싶어 하지 않음 - 열린 마음

즐거움의 욕구	- 잘 웃고 유머를 좋아함 - 스스로에게 만족도 높음 - 새로운 것을 배우고 싶어 함 - 더 알고 싶고, 알아내고 싶어 함 - 게임 놀이를 좋아함 - 여행, 독서, 영화, 음악 감상 등을 좋아함 - 새로운 방식으로 일하고 싶어 함 - 가르치는 것을 좋아함

※출처: 김현섭 외, 2018, p.77

욕구 충족은
긍정적 수업태도로 이어진다

욕구를 범주화하여 정리한 사례는 다른 연구에서도 다양하게 존재한다. 교사가 만약 학생들의 욕구를 범주화할 수 있다면 그들이 어떤 성향인지를 이해함으로써 욕구 충족에 좀 더 쉽게 다가갈 수 있을 것이다. 하지만 앞서 살펴본 욕구에 관한 논의는 주로 교사와 학생의 일반적인 관계나 생활 차원에서 적용하기에는 용이한 반면, 수업시간에 직접적으로 활용하는 데 있어서는 다소 거리감이 있는 게 사실이다.

동기 유발과 학습에 중요한 영향을 미치는 기본심리욕구

수업을 준비하고 실천하는 과정에서 교사들에게는 좀 더 실용적인 도움을 줄 수 있는 욕구에 대한 추가 논의가 필요하다. 이에 소개하는 기본심리욕구는 좀 더 수업의 차원에서 논의되고 있다. **기본심리욕구**의 충족은 수업 상황에서 학생들의 자연적인 동기를 유발시키고, 학습과 직접적으로 관련되는 중요한 요인으로 판단된다. 즉 학생들의 기본심리욕구가 충족될수록 수업에 대한 만족도와 성취도, 집중도 등에 긍정적인 영향을 미치게 되고, 이는 결국 긍정적인 수업태도로 다시 나타나게 된다는 것이다(임지해, 2016). 기본심리욕구는 다음과 같이 자율성, 유능성, 관계성으로 다시 구분할 수 있다.

자율성은 자유의지를 기반으로 자신의 자아감에 따라 행동하고자 하는 욕구이다. 자율성의 보장을 위해서는 개인이 스스로 선택하고 계획할 수 있는 기회를 증대시키면서, 학습 상황을 통제하는 요소들을 최소화시켜야 한다. 이를 위해서 교사는 학생들의 관점에서 선택하도록 하고, 학생들의 생각, 감정, 행동을 적극 수용하며, 학생들이 자율적인 학습의 기회를 갖도록 배려해야 한다.

유능성은 주변의 환경을 효과적으로 다루고자 하는 욕구이다. 이는 학생들 스스로가 유능하다는 인식을 갖게 하는 것이다. 그렇지만 이 욕구가 결과적으로 우수한 성과를 나타내는 것만으로 추구되는 것은 아니다. 따라서 수업의 과정에서 나타나는 학생들의 노력이나 특성, 장점들이 잘 살아나도록 배려하여, 학생 스스로가 교과나 학습, 생활 등에서 본인의 유능함을 깨닫고, 잘할 수 있다고 스스로를 인정할 수 있는 기회를 제공해야 한다.

관계성은 타인을 배려하며, 함께 소통하고자 하는 욕구이다. 이 욕구는 애착 형성이나 소속감, 따뜻한 인간관계와도 관련이 깊다. 수업 상황을 구성하는 교사, 학생, 지식의 서로 다른 요소 간의 관계와도 관련지을 수 있다. 교사와 학생의 관계에서는 교사가 학생에게 지식을 전달하는 일방적인 관계가 아니라, 학생에 대한 존중을 기반으로 함께 지식을 탐구하는 상호적인 관계 형성이 이루어져야 한다. 그리고 학생들은 서로 경쟁하는 관계[32]가 아니라 소통과 협력을 바탕으로 한 상호작용을 통하여 함께 성장을 이뤄가는 동료 관계가 형성될 수 있도록 배려해야 할 것이다.

욕구는 서로 연결되어 있는 것, 하나만 보아서는 안 된다

그렇다고 수업에서의 특정한 시도가 이 세 가지 기본심리욕구 중 어느 하나만을 특정지어 충족시킨다고 무조건 해결되는 건 아니다. 심지어 세 가지 기본심리욕구를 엄밀하게 구분하여 욕구 충족을 설명한다는 것도 솔직히 적절하지는 않다.

하지만 이는 앞서 정리한 욕구 구분 자체의 문제점이라기보다

---

32. 우리나라 학교 교육에서는 교육의 과정과 결과가 상위학교로 진학하는 데 필요한 선발의 자료로 활용되기 때문에, 경쟁적인 측면을 아예 배제시킬 수는 없을 것이다. 다만, 학교 교육은 선발적 관점에서 학생들 간의 경쟁을 유발시키는 데 집중해서는 안 된다. 앞으로의 교육은 학생들 각각의 동반 성장을 지향하는 방식으로 발전해야 한다.

는 현상의 복잡성에 기인한 탓이라고 보는 게 옳다. 예를 들어보자. 다른 학생들과의 관계성을 위해서 교사가 조별 프로젝트 활동을 제시하였다고 하자. 그런데 다른 학생들과 관계성이 좋아지고 자신의 역할에 충실함으로써 그 역할에 대한 자부심을 가지게 되는 것은 유능성의 만족과 연결될 것이다. 또한 유능성에 대한 학생의 만족은 다시 자발적 참여를 활성화시키게 되는데, 이러한 측면은 학생에게 자율성 충족에 대한 만족감을 주게 될 것이다. 이렇듯 욕구들끼리는 서로 연결되어 있으며, 그만큼 상호 영향을 미칠 수밖에 없는 것이다.

그럼에도 불구하고 이와 같이 욕구를 굳이 분류하는 것은 교사들에게 학생들이 현재 만족하지 못하고 있는 욕구가 무엇인지 인지하도록 하는 데 도움을 주기 때문이다. 아울러 학생들에게 충족되지 못하고 있는 욕구에 대해서 교사가 인지하는 것은 이를 조절하고 해결하기 위한 방법을 함께 적극적으로 모색해볼 수 있는 기회의 제공으로 이어질 것이다.

격려, 학생의 욕구 충족과 성장을 돕는 최선의 전략

위에서 우리는 수업에 영향을 줄 수 있는 욕구로 자율성과 유능성, 관계성의 세 가지 측면에 대해 살펴보았다. 하지만 교사들은 이러한 욕구들이 학생 개개인으로 살펴보았을 때에는 그 수준이나 범위가 매우 다양하다는 점에서 유념할 필요가 있다. 즉 욕구 범주가 같다고 해서 모두 똑같은 수준과 조건에서 만족감을 얻는다는 뜻은 아니다.

조건과 수준이 제각각인 학생들의 욕구를 제대로 충족하려면?

예를 들어보자. 교과서에 제시된 기본문제만 잘 풀어내도 충분히 유능감을 얻을 수 있는 학생이 있는 반면, 남들은 풀지 못하는 어려운 문제를 해결해야만 비로소 유능감을 얻는 학생도 있을 수 있다. 즉 같은 유능감의 범주에서도 엄연한 조건의 차이가 존재하는 것이다.

이는 관계성이나 자율성의 경우도 마찬가지다. 학생과의 관계보다는 교사와의 관계를 더욱 추구하는 학생도 있는 반면에, 또래와의 관계를 훨씬 더 중요시하는 학생도 있다. 또한 낮은 수준의 선택 제공권으로도 얼마든지 자율성이 충족되는 학생이 있는 반면, 높은 수준의 선택 제공권으로도 자율성이 제대로 충족되지 않는 학생들도 있다.

이와 같이 학생들의 욕구 충족은 각 학생의 현재 수준에 따라 차이가 발생할 수밖에 없다. 따라서 교사가 이를 각각 충족시켜주기 위해서는 개별화된 전략을 필요로 하게 된다.

여러 가지 전략이 있을 수 있겠지만, 문제행동의 개선이나, 욕구의 충족을 위한 가장 탁월한 방법으로 손꼽히는 것은 바로 **격려**[33]이다. 가장 큰 이유를 꼽자면 격려는 소통을 가능하게 해주기 때문이다. 그러나 학생들의 욕구의 수준은 앞서 이야기한 대로 매우 다양하기 때문에, 학생 각자에게 맞는 격려를 위해서는 우선 학생들 개개인에 대한 이해가 전제되어야 할 것이다.

격려는 무조건적 칭찬과 다르다

오해가 없기를 바라는 마음에 덧붙이고 싶다. 왜냐하면 격려가 중요하다고 하면 의외로 무조건 학생들을 칭찬해주는 것만 떠올리는 경우도 적지 않기 때문이다.

분명히 말해두지만, 학생들을 격려한다는 목적으로 무조건적으로 칭찬을 남발하는 것은 그리 좋은 방법이 아니다. 격려가 제 기능을 발휘하려면 구체적인 원칙과 방법이 존재하는 것이다. 이러한 원칙과 방법에 대해서는 김현섭과 김성경(2018)이 잘 제시해주고 있는데, 이를 간략하게 정리하면 다음과 같다.

---

33. 격려하기는 'encouraging'을 의미한다. 단순히 칭찬하기가 아니며, encouraging이라는 용어는 용기와 기운을 북돋아주고, 자신감을 주고, 장려하고, 촉진시키는 여러 가지 측면의 의미를 응축적으로 담고 있다.

- 과정에 초점을 맞추기: 결과물에 집중하는 것이 아니라 결과물을 만드는 과정과 노력에 집중할 수 있어야 한다.

- 그 순간 그 사람에게만 줄 수 있는 말을 해주기: 언제나, 누구에게 나 형식적으로 할 수 있는 표현이 아니라, 그 사람에게만, 그 순간에만 할 수 있는 말을 해주어야 한다.

- 감동과 감탄으로 바라보기: 이는 학생을 새롭게 바라보기 위한 관점의 전환이 필요하며, 학생은 불완전한 존재라가 아니라 가능성이 무한한 위대한 존재, 희망의 존재로 바라볼 수 있어야 한다.

- 소속감을 불러일으키기: 소속감을 가지도록 격려하는 것은 사회에 공헌하고 기여하는 사람으로 자라도록 돕기 위함이다.

- 부정적인 면을 긍정적으로 보기: 절대 단점이란 없으며, 그 이면에 존재하는 긍정적인 측면을 찾아줌으로써 긍정적인 자아상 형성을 도와줄 수 있다.

- 실패를 배움의 기회로 삼기: 실패는 결과가 아닌 과정이다. 따라서 포기하지 않는 경험을 통한 성장을 위해서는 실패를 배움의 기반으로 삼을 수 있어야 한다.

이상에서 살펴본 내용들을 참고한다면 학생들의 행동 이면에 존재하는 내면적 욕구의 실체가 무엇인지 파악하는 데 큰 도움이 될 것이다. 수업심리학에서 말하는 학습자의 특성을 제대로 이해하고, 그들의 내적 욕구를 충족시켜주며 동기를 자극하는 모든 노력이란 결국 더 나은 수업을 만들고, 더 나은 배움으로 이어지도록 하는 데 있다. 아울러 이와 관련된 모든 시도는 교사 자신의 수업 전문성과 수업 자존감을 높이는 데도 큰 도움이 될 것이다. 이러한 바탕 위에서 학생들의 배움과 교사의 가르침이 함께 성장하는 수업으로 하루하루 발전해갈 것이다.

2부를 마치며

수업심리학에서 가장 중요하게 여기는 것 중 하나는 **좋은 관계**를 맺는 것입니다. 즉 학생과 지식 사이에 좋은 관계가 형성되어야 하고, 학생과 학생, 교사와 학생 간에도 좋은 관계가 형성되어야 합니다.

학생과 지식 사이의 관계에서 학생은 지식을 구성하는 주체가 되어야 할 것입니다. 이것은 바로 수업심리학의 기반이 되는 **구성주의** 이론에서 학생을 바라보는 관점입니다. 그러나 이러한 관계 형성을 위해 최근 수업이나 교과서에서 자주 활용되고 있는 학습자의 현실은 단순히 외현적인 것들만을 중심으로 고려하다 보니, 다소 왜곡된 경향이 있습니다. 수업에서 학습자의 현실을 고려할 때에는 학습자의 지식 수준을 포함한 내적인 상황에 대한 고려도 함께 이루어져야 할 것입니다.

아울러 학생들의 인지발달 수준도 함께 고려되어야 하는데, 이를 위해서는 학생들이 학습에 몰입할 수 있도록 도전과 학생들이 가진 기술이나 능력 사이에서 균형을 이루는 비계의 제공을 위해 노력해야 합니다.

그런데 지식의 범위가 더 이상 교과 내용으로 한정되지만은 않습니다. 미래사회를 살아갈 학생들이 갖춰야 할 능력으로 최근 역량이 강조되면서, 학교 교육에서도 역량 교육의 필요성이 제기되고 있습니다. 이를 위해서 개정된 교육과정에서는 총론 수준에서 핵심역량을 제시하고, 각 교과에서는 교과역량을 제시하고 있습니다. 물론 역량을 평가하거나 지도하기 위한 구체적인 방법에 대해서는 아직까지 모호하지만, 현장에서 이를 해결하기 위해 다양한 노력들이 진행 중입니다.

또한 학생과 학생, 교사와 학생 간의 관계에서는 늘 갈등이 일어날 수 있음을 잊지 말아야 할 것입니다. 그리고 이러한 갈등의 원인을 무조건 행동적인 측면에서 해결하려는 것은 무모합니다. 왜냐하면 그것은 결코 문제의 본질적인 해결 방법이 될 수 없기 때문이지요. 더 근본적인 갈등의 원인은 욕구 간 충돌이나 욕구가 제대로 충족되지 못했기 때문으로 볼 수 있습니다. 따라서 교사들이 학생들의 욕구를 이해한다는 것은 수업 기술을 연마하는 것 못지않게 매우 중요합니다. 욕구 간 충돌이나 충족되지 못한 욕구들로 인한 문제들을 해결할 수 있는 가장 좋은 방법은 바로 **격려**일 것입니다. 다만 맹목적인 칭찬이 아니라 구체적인 방법과 원칙을 지키는 것이 중요하다는 점을 꼭 기억했으면 합니다.

많은 사람들이 오해하는 것 중의 하나가 학생 중심 수업이라고 하면 무조건 학생이 많이 참여할 수 있도록 수업을 진행하면 된다고 생각하는 데 있다. 하지만 참여가 곧 배움으로 이어지는 것은 아니다. 진정한 의미의 학생 중심 수업이 성공하기 위해서는 교사가 수업심리학에 근거해 학습자 개개인의 특성을 이해하여 실제로 배움이 일어나도록 수업을 만들어가야 함은 물론, 수업 중에 무심코 지나칠 수 있는 학생들의 학습 기회를 놓치지 않고 잡아낼 수 있어야 한다. 이를 위한 교사의 역량 강화가 필수적이며, 이 모든 노력들은 교사의 수업 전문성으로 이어지게 된다.

교사의
수업 전문성을
높이는 역량에 관하여

"학생 중심 수업의 성공 여부는 결국 교사의 역량에 달렸다"

01
실행연구, 가르침과 배움이
함께 성장하는 성찰의 도구가 되다

한때 교사는 스승이라는 이름으로 오랫동안 많은 이들의 존경을 받아왔다. 하지만 요즘에는 그저 불확실성 시대에 몇 안 되는 안정적인 직업쯤으로 세간에 인식되고 있는 것 같다. 심지어 많은 현직 교사들이 교직이라고 하는 직업의 전문성에 대해 깊이 고민하고, 때로는 회의감마저 느끼기도 한다. 하지만 누가 뭐래도 교사들은 수업을 기획하고 운영함에 있어서 엄연한 전문가임에 틀림이 없다. 즉 **수업 전문가**라고 할 수 있는 것이다.

그런데 수업 전문가는 단순히 '잘 가르친다'고 하는 영역에 국한되지 않는다. 교사들은 장기간의 실천적 경험을 쌓으면서 몸에 밴 노하우를 바탕으로 학생들과 관계를 잘 형성하고, 수업시간에 학생이 학습에서 어떤 어려움을 겪고 있는지를 파악하여 도움을 주는 데 능숙한 사람들이다. 그리고 이러한 능력은 해를 거듭하며 점점 더 깊어진다.

그러나 교사들이 가지고 있는 이러한 깊은 전문적 능력에도 불구하고, 외부로부터 전문가로서 제대로 인정을 받고 있는지에 대해서는 되짚어볼 필요가 있다. 특히 교사들이 실제 수업에서 쌓아온 경험적 지식들의 가치는 종종 평가 절하되는 경향이 있다. 어떻게 보면 그 이유는 대부분의 교사들이 외부로부터 전문성을 인정받으려는 필요성을 느끼지 못하기 때문이며, 전문성을 인정받을 수 있는 형태로 각자가 가지고 있는 지혜들을 제대로 풀어내지 못하고 있기 때문이라고 할 수 있을 것이다.

스승의 그림자는 밟지도 않는다는 말이 옛말이 되어버린 지 오래고, 심지어 각종 언어적·물리적 폭력에 노출되며 교사의 인권마저 위태롭게 된 지금, 교사들의 신뢰 회복을 위해서라도 어느 정도의 전문성을 외부로부터 인정받을 필요가 있다고 생각한다. 이를 위해서 교사들도 연구자의 마음을 가져볼 필요가 있지 않을까?

그런데 우리 교사들이 잘 모르고 있는 사실이 있다. 그것은 바로 우리 교사들 모두가 이미 현장 연구자라는 점이다. 왜냐하면 교사들이 수업 개선을 위해서 노력하고 실천하고 있는 모든 과정들은 실제로 하나의 연구 과정이기 때문이다. 이러한 과정들을 가리켜 바로 **실행연구**^{Action Research}라고 한다.

교사,
실행연구자가 되자!

교사는 수업을 통하여 다양한 정보들을 얻게 된다. 그런데 이 정보 중에는 학생들과 관련된 정보도 있고, 교사 본인에 대한 정보도 포함되어 있다. 모두 수업심리학의 관점에서 유용한 정보들이다.

그런데 이러한 정보들은 그저 수집하는 데 그치는 것이 아니라 수업에서 다시 의미 있게 활용될 때 비로소 가치가 있다고 할 수 있을 것이다. 즉 이러한 정보들이 교사에게 더욱 의미 있게 활용됨으로써 수업의 효과를 높여주고, 아울러 수업 개선으로 이어질 수 있어야 한다는 뜻이다.

학생들과 관련된 정보들은 학생들의 성장과 발전에 도움을 줄 수 있도록, 피드백을 제공하는 데에 적극 활용되어야 한다. 그리고 교사와 관련된 정보는 수업 운영에서 효과적이었던 부분을 극대화하고, 부족했던 부분에 대해서는 개선을 도모하는 데 적극적으로 활용되어야 할 것이다.

교사들은 수업에서의 실천과 성찰, 개선을 끊임없이 반복하게 되는데, 이때 교사에게 필요한 것이 바로 수업을 분석적으로 바라볼 수 있는 연구자의 관점이다. 그리고 이때 가장 적합한 연구 방법이 바로 '실행연구'인데, 교사들에게는 '실행연구자'로서의 능력이 요구된다고 할 수 있다.

현장연구? 실행연구!

실행연구의 개념을 더욱 명확하게 이해하기 위해서, 이와 비슷한
개념으로 사용되고 있는 **현장연구**[Field research]와 비교를 해보도록 하
자. 현장연구는 이미 교육 현장에서 널리 활용되고 있으며, 실제
로 교사들이 참여할 수 있는 현장연구 대회도 해마다 개최되고 있
다. 현장연구는 '연구에 필요한 자료가 있는 현장에 직접 찾아가
서 하는 연구[1]'를 의미한다.

  현장연구는 현장의 요구와 문제들을 연구를 통하여 분석하고
해결 방안을 제시하는 연구이다. 특히 현장연구의 상당 부분은 다
소 외부 전문가의 관점에서 객관적이고 개량적인 부분을 강조하
고 있고, 연구자 본인의 문제해결이라기보다는 교육 전반에 관한
문제를 주로 다루게 된다. 그리고 연구의 객관성을 위해 연구자
(교사)와 연구 참여자(학생 등)의 구분을 명확히 하게 된다.

  실행연구 또한 현장 중심이라는 측면에서 볼 때는 현장연구와 거
의 비슷하다고 생각할 수도 있을 것이다. 하지만 둘 사이에는 분
명한 차이점이 존재한다. 왜냐하면 두 연구 모두 현장의 개선을
위해 이루어지는 것이지만, 실행연구는 연구자의 **실천**을 전제로
하고 있으며, '연구자 본인'이 인식하고 있는 **본인의 문제를 해결**하

---

1. daum 어학사전

는 과정이기 때문이다. 이러한 과정은 연구자(교사)와 연구 참여자(학생) 간의 지속적인 교류와 관계 속에서 이루어지게 된다. 바로 이러한 점이야말로 실행연구가 현장연구와 명확하게 구별되는 주요한 특징이라고 할 수 있다. 현장연구와 실행연구 사이의 차이점을 간략히 정리해보면, 다음의 표와 같다.

| 표 3-1 | 현장연구와 실행연구의 상호 비교

구분	현장연구	실행연구
연구 목적	현장의 요구와 문제 개선	본인의 문제 개선과 성장
연구 관점	객관적, 실증적	주관적, 해석적
연구자와 연구 참여자의 관계	연구자와 연구 참여자를 구분	연구자와 연구 참여자가 평등

아울러 현장연구가 주로 양적인 연구 방법을 선호하는 편이라면, 실행연구는 좀 더 질적인 연구 방법을 선호한다. 현장연구가 결과적 지식의 도출을 추구한다면, 실행연구는 연구자의 성장 과정, 즉 '계획-실행-반성'의 순환적인 과정을 통한 문제의 개선 과정을 추구한다.

조용환(2015)은 "실행연구는 교육실천상에서 나타나는 현장의 문제를 중심으로 현장의 실천 개선을 위하여 현장교사가 추진하는 연구"라고 정의하였다. 그리고 그 특징을 다음과 같이 8가지로 제안하였다.

- 연구 주제를 교육 현장에서 찾는다.

- 교육 실천 개선을 그 목적으로 한다.

- 현장교사가 추진한다.

- 조건 통제를 거의 하지 않는다.

- 주어진 사태에 그 기초를 둔다.

- 연구 결과는 사태와 조건이 비슷한 학교에만 일반화할 수 있다.

- 연구 추진 과정에서 연구계획의 일부를 변경할 수 있다.

- 교사들에게 교육적 가치를 제공한다.

교사에게 있어 실행연구라는 것은 자신의 수업을 깊이 이해하고 탐색함으로써 **자신이 바라는 수업**으로의 변화를 추구하는 실천의 과정이라고 할 수 있다. 또한 교사 스스로 자신의 수업을 탐색하면서 개선하여 적용하고, 이러한 실천들을 순환적으로 경험하는 동안 수업 전문성이 신장되는 과정이기도 하다.

수업 개선과 발전을 수없이 반복하는 성장과 실천의 과정

지금 이 책을 읽고 계신 분들 중에도 실행연구에서 '연구'라는 용어상 표현 때문에 부담감이나 거부감을 느끼는 분도 적지 않을 거라 생각한다. 하지만 우리 교사들 대부분은 이미 실행연구의 경험을 가지고 있다. 예를 들어, 중학교나 고등학교에서는 교과를 기준으로 교사의 수업이 이루어진다. 어느 한 단원에 대한 수업을 준비하면, 학교 규모가 큰 경우에는 동일한 단원을 네 번 정도까지도 반복하여 수업을 진행하게 되는 셈이다.

보통 어떤 단원에 대해 처음 수업을 하게 될 때에는 교사 스스로 자신의 수업에 대해서 만족하지 못하는 경우가 많다. 왜냐하면 수업은 마치 살아 있는 생물 같아서, 매우 역동적이고 작은 변수에 의해 예상치 못한 방향으로 흐를 수도 있기 때문이다. 따라서 교사 나름대로 아무리 꼼꼼하게 수업을 준비해도 전혀 예상하지 못한 학생들의 반응이 나올 수도 있고, 때로는 교사가 미처 준비하지 못한 부분에 대해 갑작스럽게 논의가 확장되는 등 수업 중에 여러 가지 변수가 작용할 수 있는 것이다.

문제를 깨닫고도 첫 번째 수업을 계속 고집하는 교사는 없다. 대부분의 교사들은 첫 수업을 기반으로 자신의 수업을 계속 발전시켜간다. 예컨대 학생들의 반응이 좋았던 부분은 다음 수업에서도 계속 활용하지만, 그렇지 않았던 부분은 제외하거나 보완을 하게 되는 식이다. 즉 첫 수업에서 예상하지 못한 학생들의 질문이나 반응 때문에 당황하거나 곤란에 처한 부분들이 있었다면, 다음 수업에서는 즉각적으로 피드백이 이루어질 수 있도록 개선하여 준비하게 된다는 뜻이다.

이러한 과정을 계속 거치면서, 교사는 수업에서 문제가 되는 상황을 스스로 인식하게 되고, 이를 개선하고 발전시키는 과정을 수

없이 반복하게 된다. 수업이 진행되면 될수록 수업은 더욱 세련되어지고, 학생을 만족시키는 수업으로 거듭나며, 교사가 의도했던 바를 실현하는 데 좀 더 가까워진다. 이와 같은 모든 순환적인 성장과 실천의 과정을 가리켜 실행연구의 과정이라고 할 수 있다.

김영천(2013)은 반성이나 이해가 없는 실행은 맹목적인 것이며, 실행이 없는 이론은 무의미하다고 주장하며, 연구에서 **실천**의 중요성을 강조하였다. 요즘에는 수업과 관련된 우수한 연수들이 많이 있고, 맘만 먹으면 얼마든지 그러한 연수에 참여할 수도 있다. 그리고 그런 연수들을 들으면서 자기 나름대로 수업에 대한 자신감을 회복할 수 있을 것이다.

그러나 막상 실제 수업에서 실천의 과정을 거치다 보면 연수에서 배웠던 수업 개선 방식이 지속되지 못하고 좌초되는 경우도 상당히 많다. 아울러 연구자들의 연구 결과나 우수 사례가 어쩐지 자신의 수업에서는 잘 작동되지 않는 경우가 많은 것도 앞의 말과 관련지어 생각해본다면, 자신의 수업에 대한 깊은 이해나 진지한 반성의 과정을 거치지 않았기 때문일 것이다. 그러한 과정을 생략한 채 연수에서 배우거나 얻어 온 자료를 통해서 알게 된 수업 방법을 자신의 수업에 그대로 적용시킬 때, 제대로 작동하기 어려운 것은 어쩌면 당연한 결과일지 모른다.

따라서 스스로 실천하고 성찰하며 개선해나가는 실행연구야말로 자신을 둘러싼 문제를 해결하는 데 꼭 필요한 과정이라고 할 수 있다. 더욱이 실행연구는 현장에서의 실천과 과정을 중심으로 하면서도, 실천의 영역을 자연스레 전문적인 영역과 연결시킬 수 있는 연구의 방법이기도 하다.

실행연구는 어떻게 이루어지는가?

실행연구는 각 개인마다 처한 상황이나 여건, 인식하게 되는 문제의 특성 등이 워낙 다양하기 때문에 연구의 과정을 하나의 일반화된 절차로 나타내는 데 다소 어려움이 있다. 해결하고자 하는 문

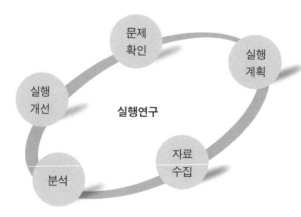

실행연구의 과정. 연구라고 하면 거창한 것 같지만, 실은 교사들 모두가 이미 실행연구자다. 연구와 실천을 중심으로 성찰함으로써 궁극적으로 더 나은 수업을 만들어가는 것이 목적이다.

제에 따라 그 방법이 달라지기 때문이다. 그러나 하나의 순환 과정은 크게 연구와 실천을 중심으로 '문제 확인-실행 계획-자료 수집-분석-실행 개선[2]'으로 나타낼 수 있을 것이다. 다만 이러한 과정이 항상 선형적으로 이루어지는 것은 아니다. 실행연구의 과정을 간략히 도식화하면 앞의 그림과 같다.

문제 확인하기: 정확한 문제 설정이 올바른 해결방향으로 이끌어준다

당면한 문제를 제대로 이해하는 것은 문제를 해결하기 위한 첫걸음이다. 따라서 모든 연구의 시작이 그러하듯이, 실행연구도 그 출발은 본인이 처한 문제가 무엇인지를 확인하는 것에서 시작한다. 그런데 이를 위해서 교사는 먼저 자신의 수업을 직면[3]해야 할 필요가 있다. **수업 직면**을 통해 스스로 어떤 문제가 있는지 확인하고 설정하는 것이다. 그리고 문제라는 것을 설정할 때에는 모호하게 접근하기보다 구체적으로 정해야 한다. 이는 문제를 구체적으로 인지하게 될수록 개선의 방향이 좀 더 명확해지고, 개선 효과

---

2. 김영천, 2013, p.402

3. '직면'의 사전적 의미는 '정면으로 맞닥뜨리다'이다. 상담에서 직면은 내담자가 스스로를 자각하여 긍정적 변화의 계기를 마련할 수 있도록, 문제가 되는 부분을 일깨워주는 것을 말한다. 교사에게는 '수업 직면'이 꼭 필요하다. 이를 위해서는 수업을 개방하고 타인에 의해 조언을 얻는 방법도 있다. 그러나 수업 공개에 대한 불안감이 있을 경우에는 자신의 수업을 촬영하여 스스로 탐색해볼 수도 있다. 더욱이 수업을 촬영하면, 나의 수업을 여러 번 반복적으로 관찰할 수도 있다.

또한 높아지기 때문이다.

따라서 확인된 문제는 구체적인 질문으로 만들어보는 것이 중요하다. 또한 모든 문제점이 오직 교사 개인의 노력만으로 개선될 수는 없기 때문에 개선 가능성에 대해서도 다른 동료교사들과 함께 고민해보는 것이 좋다. 구체적인 연구 질문을 만드는 작업은 교사 스스로 문제 상황에 대해 지속적으로 질문하고 성찰하는 과정을 통해 제시할 수 있게 된다.

예를 들어, 교과 수업을 생각해보자. 각 학급에 들어가서 수업을 진행해보면 학습 능력이 우수한 학생들도 물론 있지만, 그렇지 않은 학생들도 있다. 그리고 이러한 학생들 간의 수준 차이는 교사의 수업 진행에 어려움을 주는 주요 요인이다. 이러한 상황을 연구 질문으로 구체화하는 과정[4]을 한번 생각해보자. 우선 다음의 글상자를 한번 살펴보라.

수업 진행이 어려운 이유는 무엇인가?

→ 높은 학업 수준의 학생에게 수업을 맞추면, 낮은 학업 수준의 학생들에게 어려움이 발생하여 수업 참여를 힘들어하지만, 낮은 학업 수준의 학생들에게 수업을 맞추면, 높은 학업 수준의 학생들

---

4. '이는 연구문제를 구체화하는 과정의 일례이다. 교사의 수업 운영적 측면, 수업에 필요한 과제적 측면, 학생의 참여적 측면 등 다양한 관점에서의 구체화가 가능하다. 다만, 이 과정에서 중요한 것은 질문에 대한 성찰을 통하여 자신이 노력하여 해결 가능한 고민으로 구체화 시켜야 한다는 것이다.

이 더 배울 수 있는 기회는 물론 배움에 대한 흥미마저 잃게 된다.

↓ 교실 내 다양한 수준의 학생들이 모두 배울 수 있는 기회의 필
　요성을 인지

**다양한 수준의 학생들이 모두 배울 수 있는 기회를 제공하는 방법은 무
엇인가?**

→ 학생들에게 수준에 맞는 과제가 제공되어야 한다. 학업 수준
　이 높은 학생들에게는 개념 이해를 위한 과제뿐만 아니라 이
　를 활용하고 응용하는 수준까지도 나아갈 수 있는 과제가 필
　요하며, 학업 수준이 낮은 학생들에게는 개념 이해를 위한 과
　제와 아울러, 이와 연계된 개념들을 함께 이해해보는 기회가
　필요하다.

↓ 모든 수준의 학생들이 참여할 수 있는 과제 제시의 필요성 인식

**다양한 수준의 학생들이 참여할 수 있도록 과제를 제시하는 방법은 무엇
인가?**

이상의 내용은 수업 진행의 어려움을 교실 내 학생들의 학업 수준
의 차이로 분석해본 것이다. 여기에서 해결해야 하는 구체적인 문
제로는 다양한 수준의 학생들이 참여할 수 있는 과제를 제시하는

것으로 설정하였다. 이와 같이 문제 상황은 되도록 구체적으로 확인해야 한다. 그래야 이후에 올바른 방향으로 실행 계획을 세우거나, 자료를 수집하고 분석할 수 있을 것이다.

실행 계획하기: 문제점을 개선할 수 있는 계획을 세운다

문제가 무엇인지 구체적으로 확인했다면, 이제 이를 개선하기 위해 어떤 노력이 필요한지 계획을 세워야 할 것이다. 이 단계에서는 교사의 연구와 학습이 필요하다. 즉 다양한 문헌이나 연구자료, 우수 사례 등을 적극적으로 찾아보는 것이 문제점 개선에 큰 도움이 될 수 있다. 또는 주변의 동료교사들과 논의를 통하여서도 개선을 위한 좋은 아이디어를 얻을 수 있을 것이다.

이러한 모든 과정을 바탕으로 교사는 새로운 실행 계획을 수립하게 된다. 물론 하나의 실행 계획만을 세워볼 수도 있지만, 다양한 실행 계획을 세워보고 서로 검토하고 비교해보면서 그중 하나의 방안을 선택해보는 것도 가능하다. 다음의 글상자는 문제를 해결하기 위해 어떤 실행 계획을 수립했는지를 제시해본 것이다.

실행계획-1.
학생들에게 활동지를 제공하되, 여러 난이도의 문제들을 제시하

여 학생들이 선택적으로 해결할 수 있도록 유도한다

실행 계획-2.

과제 자체를 개방형 과제[5]로 제시하여, 학생 모두가 각자의 수준에서 답할 수 있도록 다양성을 보장한다

이렇게 수립된 실행 계획은 주어진 상황과 문제점에 대한 이해를 바탕으로 결정하여야 할 것이다. 위에서 언급한 두 가지 계획 모두는 문제해결에 도움을 줄 수 있다. 여러 가지 분석에 의해서 둘 중 선택이 가능하겠지만, 일단 이 과정에서는 '실행 계획-1'을 적합한 것으로 선택해보자. 물론 실행연구의 과정에서 교사의 실행 계획 중에는 교육과정을 재구성해야 하는 경우가 자주 존재하며, 이 부분은 교사의 전문성이 발휘되어야 하는 지점이기도 하다.

  좀 더 전문적인 관점에서 실행연구가 진행되려면 실행 계획을 수립하는 단계에서 다양한 교수-학습과 관련된 이론들을 검토해 볼 필요가 있다. 이를 통해 교사가 해결해야 하는 문제를 바라보는 관점을 이론적으로 정립하고, 이를 바탕으로 분석을 위한 틀이나 해결 과정을 구성할 수 있다.

---

5. 개방형 과제란 정답이 정해져 있지 않거나 다수인 경우, 또는 해결 과정이 다양하게 존재하는 과제를 의미한다.

자료 수집하기:
계획을 적용하는 과정에서 나타난 다양한 자료들을 수집한다

설정된 실행 계획에 따라 수업을 실제로 운영해보고, 이 과정에서 나타나는 자료들을 수집하는 과정이다. 그리고 이렇게 수집한 자료들은 '실행 개선'의 안을 도출해내기 위한 분석의 자료, 즉 개선 방법의 근거로 활용된다.

자료를 수집하기 위한 방법에는 여러 가지가 있다. 예컨대 수업 영상 촬영, 음성 녹음, 관찰, 필드노트[6] 작성, 인터뷰(질문) 등의 다양한 방법을 활용해볼 수 있을 것이다. 자료 수집[7]의 구체적인 방법은 연구 문제가 무엇인지에 따라서 타당성을 고려하여 선택하는 것이 좋다.

예를 들어, 현재 다루고 있는 문제가 다양한 수준의 학생들이 참여할 수 있는 활동지를 제작하는 것을 목표로 하고 있다고 하자. 그렇다면 학생들이 활동지에 참여하는 현상에 주목하여 자료 수집이 이루어져야 한다. 하지만 문제가 다양한 학생 참여를 위한 교사의 수업 운영 방법 개선에 초점을 맞추는 것이라면, 자료 수집 또한 교사의 수업 운영쪽에 초점이 맞추어져야 한다. 만약 이

---

6. 현장에서 관찰한 내용을 기록하는 것

7. 수업영상이나 음성 녹음, 관찰의 경우도 분석 자료로 활용하기 위해서는 전사(transcript)를 통하여 자료화하고, 이를 활용한다.

둘에서 서로 자료 수집을 반대로 한다고 했을 때, 문제를 정확하게 분석할 수 있는 자료를 얻기는 어려울 것이다.

현재 사례의 흐름에 맞추어 관찰과 필드노트 작성을 진행한 예를 제시하면, 다음의 글상자와 같다.

수업관찰 기록

3학년 1반, 3교시, 수학, 이차곡선, 20XX년 ○월 ○일 (월)

- 상당수의 학생들이 문제를 모두 해결하지는 못함.
- 문제가 어렵니? 라는 질문에, '시간이 부족해요'라고 답변함.
- 일부 학생들은 주변 급우들에게 도움을 요청하여 문제를 해결함.

분석하기: 수집한 자료들을 분석한다

이제 수집한 자료들을 정리하고, 분석함으로써 특징을 확인하는 과정을 거쳐야 한다. 교사는 수집된 자료를 통하여 새롭게 알게 되고, 이해하게 된 부분을 발견하여, 실행 계획에 따라 진행된 수업에서 잘 이루어진 측면과 개선해야 할 측면 등을 구분한다. 그리고 이를 정리하고 개선하려는 과정을 통하여 자신의 연구 질문에 대한 답을 모색해볼 수 있다.

- 해결하지 못한 문항이 상당수이고, 시간이 부족하다는 학생들의 의견을 생각해보면, 현재 수준별로 3문제씩, 총 9문항으로 제시되어 있는 문항 수의 축소가 필요함.
- 과제 제시 후 일정 시간 동안 혼자 고민해보게 하되, 교과서를 자유롭게 참고할 수 있게 하고, 차후 학생들 간 상호 협의가 가능하게 지원해줄 필요가 있음.

실행 개선하기: 앞선 과정을 통해 새로운 실행 계획으로 발전시킨다

실행연구가 교사들에게 일회성 이벤트가 아닌 진정 의미 있는 과정이 되려면 실제 수업 개선에 도움이 되어야 할 것이다. 따라서 분석의 과정을 통하여 확인된 결과를 수업에 다시 반영하여 더 나은 실행 계획으로 발전시키는 과정이 필요하다. 이때 개선된 실행이라는 것은 문제점이 모두 해소된 수업이라기보다는 일차적인 개선을 의미하며, 다시 실행연구의 순환 과정을 통하여 또 다른 문제 확인이 이루어질 수도 있다.

Q. 다양한 수준의 학생들이 참여할 수 있도록 과제를 제시하는 방법은?

: 학생들에게 활동지를 제공하되, 여러 난이도의 문제들을 함

께 제시함으로써 선택적으로 해결할 수 있도록 유도한다.

* 문항은 총 6문항으로 구성하는 것이 적절하다.

* 개별 과제와 조별 과제를 분리하여 제시한다.

이상의 내용을 통해 우리는 실행연구의 전 과정을 간략하게나마 살펴보았다. 물론 실제로 진행해보면 알겠지만, 때로는 연구 문제의 설정부터 다시 해야만 하는 경우도 있는가 하면 분석이나 실행 개선 부분부터 다시 해야 하는 경우도 있을 것이다. 이와 같은 반성적이고 순환적인 과정을 계속해서 거치다 보면, 결과에 대해서도 반성과 성찰이 **지속적**으로 일어나게 된다. 바로 이러한 과정에서 연구자의 성장을 추구하는 것이 실행연구이다.

그러나 질적 연구이기 때문에 연구 결과를 일반화하는 데 있어서는 다소 어려움이 있을 수도 있다. 따라서 반드시 연구를 시작하기 전에 교사가 현재 처해 있는 상황이나 특성, 문제의식 등에 대한 충분한 공감과 이해가 선행되도록 신경써야 할 것이다.

02
주목하기, 배움의 기회를
놓치지 않는 힘을 기르다

잘 모르는 이들이 생각할 때 교사에게 수업은 자칫 뻔한 일상으로 보일 수도 있다. 교사라면 거의 매일 수업을 진행할 테니, 아마도 거의 매번 비슷하고 예측 가능한 상황들만 반복하게 될 거라고 짐작할지 모른다. 하지만 여러분도 공감하겠지만, 수업의 전개는 그리 녹록하지 않다. 말 그대로 살아 있는 생물처럼 매우 역동적인 것이 수업이다.

그리고 교사는 실제로 매일의 수업에서 다양한 상황을 마주하게 된다. 교사가 마주하는 다양한 상황들은 모두 더 나은 수업을 만들어가는 데 주의 깊게 볼 만한 좋은 정보가 될 수도 있다. 수업 시간에 보이는 학생들의 모습도 천차만별이다. 예를 들면, 잡담을 하는 학생의 모습, 교사가 말하는 내용을 열심히 받아 적고 있는 학생의 모습, 반짝이는 눈빛으로 교사의 이야기에 집중하고 있는 학생의 모습, 아예 엎드려 자고 있는 학생의 모습 등 다양하다. 또한 교사가 접하게 되는 환경적 정보도 다양하다. 예컨대 다소 줄이 맞지 않는 교실의 삐뚤빼뚤한 책상배열, 청소 상태, 정리되지 않은 지저분한 칠판, 어수선하고 산만한 교실의 분위기, 소음 등 교사는 수업을 통해 셀 수 없을 만큼 많은 정보들을 접하고 또 인식하게 된다.

물론 교사의 인식 속에는 자신의 수업 활동에 대한 인식도 있을 수 있다. 그러나 기계가 아닌 이상 인식한 모든 것을 기억할 순 없으며, 각각에 대해서 전부 반응할 수도 없는 노릇이다. 심지어 때로는 의도적으로 반응하지 않기도 한다.

교사가 수업시간에 가장 중요하게 생각하고, 포착하기 위해 노력해야 하는 것은 바로 학생의 배움과 관련된 것이어야 한다. 학생에게서 나타난 **배움의 기회를 포착**할 수 있어야 이를 적극적으로 활용함으로써 의미 있는 배움으로 연결시킬 수 있기 때문이다.

학생에게 나타난 배움의 기회란 학생이 보이게 되는 오류의 과정일 수도 있고, 다소 투박하더라도 수업의 목표와 일치하는 사고의 성장을 나타낸 경우일 수도 있다. 이러한 기회들을 제대로 포착하기 위해 교사는 수업을 진행하면서 학생들의 활동이나 사고의 흐름 등을 유심히 볼 수 있어야 할 것이다. 그리고 이를 위한 교사의 의도적인 활동을 가리켜 **주목하기**라고 한다.

주목하기:
주의를 기울여 바르게 판단하다

김태수(2018)는 수석교사들의 경험을 분석하면서 '상황을 적극적으로 이용'하는 것이 수업 전문성을 가진 교사의 특성 중 하나라고 결론을 이끌어낸 바 있다. 교사는 수업 중에 나타날 수 있는 학생들의 다양한 반응에 대해서 전문적으로 대응할 수 있는 능력을 갖추어야 한다. 이를 위해서는 수업 활동 중에 우연히 포착된 상황을 제대로 인식할 수 있어야 하고, 나아가 전문적인 대응을 위해서 상황에 대한 빠른 해석과 판단을 내릴 수 있어야 할 것이다. 이것이 바로 **주목하기**noticing의 핵심이다.

　여기에서 말하고자 하는 주목하기란 기본적으로 무엇인가에 주의를 기울이는 것이다. 이는 미국 심리학회에서 자주 등장하는 개념으로 수업 전문성 향상을 위해 필요한 기본적인 수업 능력이며, 더욱이 의도적인 노력을 통해 얼마든지 개발할 수 있다. 주목하기의 흐름은 인식과 해석 그리고 행동 결정으로 이어지며, 다음과 같이 그림으로 표현할 수 있다.

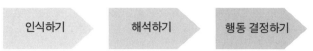

주목하기의 흐름.**8** 교사는 수업 중 학생의 배움과 관련해 우연히 순간적으로 포착된 상황이라도 제대로 인식할 수 있어야 한다.

수업
심리학을
만나다

주목하기를 활용함으로써 수업 전문성을 향상시키기 위해서는, 의미 있는 상황에 정확하게 주목하는 훈련이 우선 필요하다. 우리들 대부분은 눈으로 직접 보는 것이 정확하다고 믿는다. 그러나 사실은 그렇지 않은 경우가 많다. '착시'라는 것이 대표적인 사례가 될 수 있다.

우리가 눈으로 뻔히 보면서도 감지하지 못할 수 있다는 것을 깨닫게 해주는 재미있는 실험이 있다. 미국의 한 대학에서 연구 참가자들에게 어떤 동영상을 시청하게 한 실험이었다. 연구 참가자들이 동영상을 볼 때 질문이 주어졌는데, 바로 동영상에 나오는 '흰 옷을 입은 여성들이 서로에게 몇 번 공을 패스했는가?[9]'였다. 혹시 이 실험에 대해 아직 모르는 분은 동영상을 검색해서 직접 확인해보면 도움이 될 것이다. 최근 우리나라에서도 한 기업이 이와 유사한 현상을 이용해, 광고를 제작하기도 했다.

그런데 실험의 진짜 목적은 이것이 아니었다. 연구 참가자들이 흰 옷을 입은 여성들이 서로에게 공을 패스하는 것을 열심히 헤아리는 동안, 이 여성들 사이로 고릴라가 여유롭게 지나갔다. 그렇다. 이 실험의 진짜 목적은 바로 연구 참가자들이 다른 것에 의식을 집중하는 동안 과연 고릴라를 볼 수 있었는지를 확인하려는 것

---

8. Sherin, M. G.(2011) p. 9 의 내용을 정리하여 그림으로 표현하였다.
9. 이 실험에서 흰 옷을 입은 여성들은 16번의 패스를 주고받았다. 동영상 검색이 가능하며, 이 내용을 바탕으로 《보이지 않는 고릴라》라는 책도 출판되었다.

이었다. 연구 결과 놀랍게도 참가자들 가운데 약 절반에 가까운 수는 고릴라가 등장했다는 사실조차 전혀 모르고 있었다.

　우리 교사들은 수업시간에 학생들을 끊임없이 관찰하게 된다. 하지만 그러한 관찰이 과연 정확한 것인지에 대해서는 스스로 생각해볼 필요가 있다. 앞의 실험 결과가 보여주는 것처럼 우리의 관찰은 약간의 '착각'을 포함하고 있을 수 있기 때문이다. 그러나 이를 거꾸로 생각해보면, 우리가 보고 싶은 것에 의식을 집중하는 것이 얼마나 강력한 힘을 발휘하는지도 알 수 있다.

교사의 민감성:
순간적인 배움의 기회를 잡아내다

앞에서 보고 싶은 것에 대해 의식을 집중하는 것이 얼마나 강력한 힘을 발휘하는지 살펴보았다. 그런데 우리가 의식을 집중하여 특정한 것에 주목하기 위해 요구되는 것이 바로 **민감성**sensitivities이다 (Mason, 2002). 물론 우리가 어떤 상황에서 무엇인가에 대해 주목할 것을 미리 계획할 순 있을 것이다. 하지만 아무리 철저히 계획을 한다고 해도 반드시 그런 상황이 발생한다는 보장까지 할 순 없을 것이다. 다만 그것은 준비한 상황이 나타났을 때, 주목할 수 있는 가능성을 높여줄 뿐이다.

수업도 마찬가지다. 수업의 전 과정에서 교사가 의도적으로 어떤 상황을 만들어낼 순 있다고 하더라도 그것은 사실상 일부에 불과하다. 대부분의 경우 학습, 즉 배움의 기회가 될 수 있는 상황들은 우연히, 순간적으로 나타나곤 한다. 이러한 순간을 민감하게 알아채고 놓치지 않는 것은 분명 교사에게 매우 중요한 역량이다.

민감성이라는 것은 이렇게 우연적이고 순간적인 상황을 교사가 놓치지 않도록 하기 위해서, 지속적으로 주목하기를 염두에 두고 수업에 임하는 것을 의미한다. 예컨대 운동선수가 컨디션 난조라든가 부상 등 뭔가 개인적인 사정으로 잠시 훈련을 멈추면, 예전에 비해 감각이 약해지거나 심한 경우 아예 잃어버릴 수도 있다. 그렇기 때문에 이들은 항상 훈련을 게을리하지 않고, 감각을 꾸준히 유지하기 위해 노력하는 것이다.

교사가 수업에서 배움의 기회를 포착하는 감각 역시 마찬가지일 것이다. 꾸준히 의식하며 민감성을 유지하려고 노력하지 않으면, 기회를 포착하는 감각이 약해지거나 잃어버리게 될지 모른다.

민감한 교사는 배움의 기회를 놓치지 않는다

수업시간에 교사가 학생들에게 특정 개념에 대해서 조별 또는 옆학생과 토론할 수 있는 시간을 주었다고 가정하자. 이후 교사들이 보일 수 있는 태도는 크게 두 가지 정도로 분류해볼 수 있을 것이다. 즉 학생들에게 찾아온 배움의 기회를 포착하기 위해 학생들의 토론에 집중하는 교사와 그렇지 않은 교사이다.

토론의 과정은 학생들이 자신의 생각을 서로에게 표현하는 의미 있는 기회의 장이다. 학생들의 토론 과정에 정확하게 주목하려는 교사는 학생들이 주고받는 소통과 그 내용에 집중할 것이다. 그리고 그 과정에서 나타난 특정 개념에 대한 학생들의 이해나 태도를 이후 수업 지도에서 활용하려고 노력할 것이다.

그러나 학생들의 토론에 제대로 집중하지 않는 교사는, 그저 학생들끼리 토론을 하도록 적당한 시간을 부여한 후에, 혹시 딴짓이나 장난치는 학생들이 있는지를 우선 관찰하고, 특별한 의식 없이 그저 학생들의 활동을 바라보며, 수업 운영을 위해서 토론에 할당된 제한시간만을 확인할 뿐이다. 그리고 전체적인 토론의 분위기가 어땠는지 정도만 인식하여 학급에서 토론이 잘 이루어졌는지를 판단한다.

하지만 이러한 경우 교사는 토론 수업을 통해서 학생들이 무엇을 궁금해 하고, 무엇에 관심을 가지는지 또 어떤 부분에서 치열하게 대립했는지 등에 대한 의미 있는 정보를 확인할 수 없다. 결국은 학생들과는 무관한 오직 교사의 입상에서만 준비한 수업을 진행하게 되는 것이다. 이런 식의 토론 수업이라면 아무리 좋은 주제를 다룬다고 해도 학생들에게 의미 있는 배움을 일으키기는 어려울 것이다.

어떤 상황을 어떻게 주목해서 또 어떻게 해석하는가의 문제

민감성을 유지해야 하는 또 다른 이유로는, 아무리 같은 상황이라도 학생들이 보이는 반응들은 저마다 다를 수 있기 때문이다. 예를 들어 교사가 수업 중에 학생들에게 어떤 질문을 던졌다고 하자. 이때 손을 번쩍 들면서 발표하고 싶다는 의사를 적극적으로 밝히는 학생이 있는가 하면, 조용히 앉아서 어떤 대답을 해야 할지 머릿속으로 생각을 정리하면서 교사에게는 그저 뜨거운 눈빛만을 보내는 학생도 있다.

이와 같이 배움의 기회는 학생에 따라 개별화되어 나타나므로 그러한 기회를 잘 포착하는 능력은 어느 날 갑자기 이루어지는 것이 아니다. 따라서 항상 주목하기를 위한 민감성을 유지하면서, 배움의 기회를 포착하기 위해 교사는 꾸준히 노력해야 한다. 교사가 특정 상황에 주목하여 해석한 방식에 따라 수업의 방향은 바뀔 수 있다.

예를 들어 보자. 한 아이가 다음과 같이 수학 문제를 풀었다.

$$3 \times 3 = 6$$

교사는 위와 같은 오답에 대해 수업시간에 계산을 잘 못하는 학생에게서 나타날 수 있는 일반적인 현상쯤으로 넘길 수도 있다. 그냥 "틀렸어요. 다시 풀어보세요!"라며 단순한 피드백을 줄 수도 있는 것이다. 그러나 주목하기의 목적은 포착하게 되는 상황을 의미 있는 배움의 기회로 연결시키자는 데 있다. 이를 위해서는 학생의 심리와 사고의 과정에 집중할 필요가 있다. 학생이 위와 같은 오답에 도달하게 된 이유를 학생의 심리적인 측면을 고려하여 두 가지로 상황을 해석해보자.

- 해석 1 : 학생이 곱셈구구를 잘 이해하지 못했다.
- 해석 2 : 학생은 '곱하기'를 '더하기'와 혼동하였다.

학생의 심리에 대한 해석의 차이가 교사의 대응 또는 수업의 방향에 영향을 줄 수 있다고 하였다. '해석 1'과 같이 학생의 심리를 이해한 교사는 학생에게 "곱셈구구 3단을 해볼까?"와 같은 질문을 추가로 제시할 수 있게 된다. 그러나 '해석 2'로 학생의 심리를 해석한 교사는 학생에게 곱셈과 덧셈을 구분할 수 있는 기회를 제공하기 위해서 "3+3의 값은 얼마일까?"와 같은 질문을 하게 될 것이다. 결과적으로는 3×3을 올바로 계산하게 하려는 것이지만, 해석에 따라 과정은 달라질 수밖에 없다.

비록 지금까지 생각해본 사례는 매우 단순하고 명확해 보인다. 또한 "수업시간에 학생에게 주목해야 합니다."라는 말은 너무나 당연하면서도 형식적인 말로 들릴 뿐이다. 그러나 실제 수업의 상황은 훨씬 복잡하고 빠르게 진행되며, 그 속에서 주목하기를 전문적으로 실천한다는 것은 솔직히 우리가 생각하는 것 이상으로 매우 어렵고 전문적인 일이다.

앞에서 주목하기를 위한 기반이 민감성이며, 민감성을 발달시킴으로써 '주목하기'의 가능성을 높일 수 있다고 하였다. 주목하기는 다시 '인식하기'와 '표시하기', '기록하기'의 과정으로 나누어서 설명할 수 있다. 이제부터 이에 관한 설명을 이어가려 한다.

'주목하기'는
어떻게 숙달되는가?

인식하기-표시하기-기록하기^{ordinary-noticing, marking, recording}[10]는 주목하기를 숙달시키기 위한 일련의 과정이다. 인식하기는 일반적인 주목하기를 의미한다. 그러나 인식되었다는 것 자체가 머릿속에 충분히 새겨졌음을 의미하지는 않는다. 더욱이 우리의 기억에는 한계가 있으며, 때때로 왜곡되기도 한다. 따라서 기억이 생생한 동안 기록을 해두는 것이야말로 이러한 기억의 한계와 왜곡을 최소화

---

10. Mason(2002)에서 이를 각각 ordinary-noticing, marking, recording으로 표현하고 있다.

시키는 데 가장 좋은 방법일 것이다.

　물론 여기서 말하는 **기록하기**란 '수업일기[11]'를 쓰는 것과는 조금 다른 개념이다. 수업일기에는 그날그날 수업을 하면서 느낀 점이나 자신의 감정에 좀 더 초점을 맞추게 된다. 따라서 학생에 대한 부분이 구체적으로 작성되기 힘들다. 기록에서 가장 중요한 점은 사실을 왜곡시킬 수 있는 주관적인 부분들은 최소화하면서, 객관적인 상황을 중심으로 아래의 예시와 같이 간결하고 생생하게 정리하는 것이다.

　나는 학생 A가 '3×3 = 6'이라고 문제를 해결하는 것을 보았다. 나는 학생에게 3더하기 3을 물어보았다. 학생은 잠시 생각해보더니, 9로 답을 수정하였다.

제시된 기록하기의 예시는 상황을 묘사하고 있으면서도 간결하게 작성되어 있음을 알 수 있다. 이러한 서술은 본인뿐만 아니라 다른 사람들에게도 상황을 생생하게 전달해줄 수 있다는 장점이 있다. 주목하기를 통해 수집된 정보를 해석하고, 이를 통해 교육적인 내용방안을 마련하는 것은 수업을 직접 진행하는 교사가 담당

---

11. 필자의 경우, 초임 시절 수업일기를 작성하였다. 그날 있었던 수업에 대해서 되돌아보고, 어떤 일이 있었는지에 대한 기록을 하고자 함이었다. 그러나 '일기'의 특성상 나의 관점에서의 감정적 측면이 자세하게 서술되다 보니 학생들에 대한 내용은 객관적이지 않고 나의 감정과 연계되어 서술되는 경향이 있었다.

해야 할 일이다.

그러나 때로는 자신의 해석이나 대응방안에 대한 근거나 확신이 부족할 때도 있다. 이런 경우에 해결할 수 있는 방안 중의 하나는 바로 주변 교사들과 함께 상황을 공유하여 대응방안에 대해 함께 논의하는 것이다. 이렇게 도출된 방안은 일종의 **집단적 타당화**라고 볼 수 있다. 공동체적 관점에서의 접근을 통하여 자신이 주목하고자 하는 것에 대해서 함께 공유하고, 동료들과의 협의를 거치면서 최적의 의견에 도달하게 된다. 기록하기[12]는 이러한 활동의 기반이 될 수 있다.

그러나 기록하는 것이 말처럼 쉽고 간단한 일은 아니다. 어쩌면 상황을 인식하는 것보다 훨씬 더 많은 시간과 에너지를 요구한다. 더욱이 모든 것을 일일이 기록할 수도 없다. 그래서 우리는 기록하기와 인식하기 사이의 단계인 **표시하기**에 주목해야 한다. 표시하기란 인식한 상황 중에서 가장 중요했던 것이 무엇인지에 대해서, 그 이후에도 지속적으로 고민해보고 생각할 수 있는 수준으로 인식하고 있는 것을 의미한다. 즉 표시하기는 일반적으로 인식한 상황 중에서 반복적으로 성찰이 가능할 정도로 생생하게 잘 기억

---

12. 미국에서 '주목하기'의 훈련을 위해 활용되는 방법은 '동영상'을 활용하는 방법이다. 물론 recording의 의미에는 녹화의 의미도 포함되어 있다. 그렇기 때문에 기록하기가 반드시 종이와 펜을 이용한 메모만을 의미하는 것은 아니다. 학습공동체를 이룬 교사들은 준비된 수업 동영상을 보면서, 자신이 주목한 것에 대해 함께 논의하면서 이에 대한 전문성을 확보를 위해 노력한다.

되어 있으며, 다른 사람과 함께 성찰할 수 있을 정도로 객관적인 설명도 가능한 수준으로 인식하는 것이다. 그렇다면 이제부터 무엇을 잘 인식하고 표시하여 기록해야 하는지 살펴보자.

전문성을 가진 교사와
초보 교사의 주목하기는 어떻게 다른가?

주목하기를 통해 교사는 수업시간에 학생들에게 중요한 배움의 기회를 놓치지 않고 잡아내야 한다고 이야기했다. 하지만 앞서 이야기했다시피 방법이 그리 만만한 것은 아니다. 이에 수업 전문성이 높은 교사들은 평소 어떤 식으로 주목하기를 실천하는지 살펴본다면 여러모로 도움이 될 것이다. 수업에 전문성을 가진 교사와 초임 교사와의 차이를 비교한 연구[13]에서 다음과 같은 차이를 확인하였다.

수업에 전문성을 가진 교사는 수업을 진행하면서 동시에
- 학생의 이해에 주의를 기울인다.
- 학생들을 체계적으로 훑어보는 양상이 있다.

---

13. Sherin, M. G. et al., 2011, p. 55

* 초임교사의 경우는 적은 수의 학생에게 주의를 기울이는 동안 나머지 학생들에게는 관심을 주지 못했다.
  ▪ 교사의 지도가 필요한 상황[14]을 빠르게 파악한다.

주목하기 능력은 실제로 수업 전문성과 밀접한 관계가 있다. 하지만 현재 수업 전문성을 가진 교사라도 처음에는 초임교사로 시작했을 것이다. 결국 수업의 전문성이라는 것도 노력에 의하여 만들어지는 것이며, 이에 필자가 강조하고 싶은 부분은, 주목하기 능력이 노력하기에 따라 얼마든지 성장할 수 있는 능력이라는 뜻이다. 주목하기의 능력 개발을 위해 자주 활용되는 방법 중의 하나는 바로 '수업 동영상 훈련'이다.

동영상 훈련을 통한 주목하기의 숙련 과정

수업 동영상 훈련하기라는 것은 주목하기를 위해서 학생들의 활동이나 대화가 잘 드러나는 짧은 수업 동영상을 준비하고, 함께 주목한 것에 대해서 논의해가는 과정을 말한다. 그리고 수업 동영상 훈련의 과정에서 나타난 결과는 주목하기가 성장하는 과정과 그 특징을 이해하는 데 도움을 준다.

---

14. 잘못된 태도, 이해 부족, 수업에 지장을 주는 행동 등

대부분의 교사들이 수업 동영상을 통해 주목하기 훈련을 시작하면서, 학생의 사고를 제대로 관찰할 수 있는 것은 아니었다. 처음

| 표 3-2 | 주목하기를 배우는 과정

	수준 1 기초(Baseline)	수준 2 혼합(Mixed)	수준 3 집중(Focused)	수준 4 확장(Extended)
교사들이 주목한 대상	- 전체 교실 환경과 학습과 교수법에 주의를 집중	- 주로 교수법에 주의를 집중 - 특정 학생들의 학습적 사고와 행동에 주의를 집중하기 시작	- 특정 학생의 학습적 사고에 주의를 집중	- 특정 학생들의 학습적 사고들 사이와 교수전략과 학생들의 학습적 사고 사이의 관계에 주의를 집중
교사들이 주목하는 방법	- 나타난 것에 대한 일반적인 인상을 형성 - 서술적이고 평가적인 논평을 제시 - 해석을 지원하기 위한 근거는 거의 제시하지 않음	- 일반적인 인상을 형성하고 주목할 가치가 있는 상황들을 강조 - 다소 해석적인 논평들을 가지고 주로 평가적으로 제시 - 특정 상황과 상호작용들을 증거로써 언급하기 시작	- 가치 있는 상황들을 강조 - 해석적인 논평을 제시 - 특정 상황과 상호작용들을 증거로써 언급 - 상황과 상호작용에 대한 정교화	- 가치 있는 상황들을 강조 - 해석적인 논평을 제시 - 특정 상황과 상호작용을 증거로써 언급 - 상황과 상호작용에 대한 정교화 - 상황들과 교수-학습에 대한 원칙들 사이를 연계시킴 - 해석에 근거하여, 대안적인 교수학적 해결책들을 제안

※출처: Sherin et al., 2011, p. 139

에는 그저 교실의 환경이나 수업의 표면적인 부분을 주로 의식하는 데 그칠 뿐이었다. 그러다가 점차적으로 교사의 교수법에 주목하게 되었다. 그러던 것이 차츰 학생의 사고와 행동으로 초점이 옮겨졌고, 결국에는 학생의 사고와 교수전략 사이의 관계를 생각해보는 것으로 발전하게 되었다.

관찰하고 해석한 것에 대한 설명 근거에 있어서도, 처음에는 일반적인 수준에 근거의 내용도 빈약했다. 그러나 점차적으로 학생의 사고와 교수전략 사이의 관계를 생각해보게 되는 수준에 이르면 정교한 근거의 제시뿐만 아니라, 학생의 사고나 행동에 대한 대안까지도 제시할 수 있게 되었다. 표 3-2는 주목하기가 성장하는 과정을 단계적으로 정리한 것이다.

주목하기의 관점에서 수업을 평가하다

과거의 교사들은 자신의 수업을 다른 교사들에게 공개하는 것을 어쩐지 불편해하고 껄끄럽게 생각하는 경향이 강했다. 그러나 요즘에는 교사들이 서로의 수업을 거리낌 없이 공개하고 머리를 맞대고 연구하면서 함께 성장해나가는 것에 더욱 주목하고 있다. 그래서인지 최근 학교 현장에서는 수업 친구 만들기와 같이 교사가 자신의 수업을 공개하는 방법도 점차 다양해지고 있으며, 빈도 또한 점점 더 높아지고 있다. 교사의 수업이 성장하려면, 스스로의 노력도 중요하지만, 이것을 서로 객관적으로 판단해주는 노력도 필요하다. 이에 주목하기는 수업을 분석하는 새로운 관점도 제공할 수 있다.

수업을 공유하는 가장 대표적인 예는 **공개수업**일 것이다. 공개수업을 하는 목적으로는 크게 두 가지의 의미를 생각해볼 수 있다. 하나는 수업을 공개함으로써 자신의 수업을 타인의 시선을 통해 좀 더 객관적으로 평가받고 개선하기 위함이다. 또 다른 하나는 수업을 공개함으로써 다른 교사들에게 배움을 제공하는 것이다. 교사가 공개수업을 진행할 때 평상시의 수업을 있는 그대로 공개하는 경우는 거의 드물다. 즉 남들에게 공개하는 수업은 거의 대부분 평상시 수업에 비해 훨씬 더 많이 연구하고 철저하게 준비한 수업인 것이다.

이번 장에서 우리가 지속적으로 강조해온 것은 바로 교사가 학생들의 사고에 왜 주목해야 하는지 그 필요성이다. 그렇다면 공개수업을 참관하게 될 때, 주목하기의 관점에서 가장 초점을 맞추어야 하는 것은 무엇일까? 표 3-3에서 이를 학습목표, 학생의 학습에 대한 해석 그리고 대안적 전략으로 나누어 정리하였다. 최소한 이 세 가지에 초점을 맞추어 주목한다면 한층 의미 있는 수업 정보를 얻을 수 있다.

| 표 3-3 | 주목하기 관점에서 수업 분석의 틀

구분	내용
수업에서의 학습목표	- 학생들이 이 수업을 통해서 이해해야 할 주 아이디어는 무엇인가?
학생의 학습에 대한 해석	- 학생들이 학습목표를 향한 진전을 보였는가? - 학생들이 학습목표를 향한 진전이 있었다는 근거는 무엇인가? - 학생들이 학습목표를 향한 진전이 없었다는 근거는 무엇인가? - 빠진 근거가 있는가? - 어떤 교수학적 전략이 학생들의 학습목표에 대한 진전을 지원하는가? - 어떤 교수학적 전략이 학생들의 학습목표에 대한 진전을 지원하지 않는가?
대안적인 전략 고민	- 어떤 대안적인 전략을 교사가 사용할 수 있었는가? - 이러한 전략이 학생들의 수업에서의 학습목표 성취에 어떻게 영향을 미칠 것으로 기대하는가? - 학생들의 학습 근거를 놓쳤다면, 어떻게 그러한 근거를 수집할 수 있는가?

※출처: Sherin et al., 2011, p. 162

가장 중요한 것은 역시 교사 자신의 노력과 실천

앞에서 이미 주목하기가 훈련을 통해서 충분히 성장 가능한 것이라고 이야기한 바 있다. 하지만 그것의 의미가 마치 행동주의에서 제시하고 있는 '조건'과 '반사'의 관계로 해석되어서는 곤란하다. 여기서 이야기하고 싶은 훈련은 행동주의의 조건화와는 분명한 차이가 있다. 즉 '학생들이 A와 같은 모습을 보이면, 교사는 B와 같이 행동해야 한다.'라는 식으로 심리적인 매뉴얼을 만들자는 것이 아니라는 뜻이다.

물론 훈련에 의해 숙달되면, 민첩한 대응이 가능해진다. 그러나 반사적인 대응은 유연성이나 융통성이 떨어질 수밖에 없다. 따라서 조건의 차이가 발생하면 개별적인 상황에 대해 정확하게 반응하지 못하기 쉽다. 더군다나 수업이라는 상황은 늘 빠르게 급변하고 매번 정확한 예측을 하기도 어렵다. 바로 이러한 측면에서 민감성을 발달시켜야 한다고 이야기했던 것이다.

주목하기는 분명 교사의 수업 전문성에 지대한 영향을 준다. 학생을 중심으로 하는 수업을 만들어감에 있어서 교사가 학생의 사고에 주목한다는 것은 매우 중요한 일이다. 그러나 이것이 더욱 발전해나가기 위해서는 관점의 확장도 필요하다. 즉 교사는 학생의 사고에 주목해야 함은 물론, 학생의 사고에 따라 반응하고 있는 교사 본인에게도 주목해야 한다는 뜻이다.

특히, 의식적으로 주목하고자 하는 교사 자신의 노력과 실천이 무엇보다 중요하다고 할 수 있다. 이를 통하여 교사가 수업에서 일어나는 중요한 상황들을 정확하게 바라보게 될 수 있을 때, 교실에서 이루어지는 모든 수업 과정은 학생과 교사 모두에게 긍정적인 영향을 주게 될 것이다.

교사의 담화,
학생 성장을 촉진하는 윤활유가 되다

교사와 학생 사이의 소통이 사라진 수업시간을 상상할 수 있을까? 교사는 혼신의 힘을 다해 수업을 준비해 와서 열정적으로 가르치는데, 정작 학생들은 자기들끼리 시시덕거리거나, 아예 다른 참고서를 펼치고 학원 숙제를 하고 있다거나, 꾸벅꾸벅 졸고 있다면 어떤 기분이 들까? 아마 수업을 잘하고 싶은 마음은커녕 아예 가르치고 싶은 마음조차 저만치 달아나고 말 것이다.

학생과 교사가 서로 다른 곳을 바라보며 소통이 단절되어버린 교실에서는 교사가 아무리 좋은 내용을 전달한다고 한들 아무런 소용이 없다. 그렇기 때문에 교사와 학생 사이의 원활한 소통은 수업의 질을 좌우할 만큼 매우 중요한 요인이 된다.

사실 수업시간에 학생과 교사 간의 소통은 끊임없이 이루어진다. 그리고 이러한 소통은 매우 다양한 형태로 존재한다. 듣고 말하는 구어의 형태로 소통이 일어나기도 하지만, 글을 읽고 쓰거나, 나아가 그림 그리기 등과 같은 비언어적 형태로도 소통이 일어난다. 그 밖에도 표정이나 몸짓 등을 통한 신체 표현으로도 소통이 이루어진다.

이 중에서 비교적 정확하게 의미를 전달할 수 있으면서 소통의 매개체로 수업에서 가장 많이 활용되고 있는 것이 바로 대표적인 구어 형태의 소통인 담화이다. 이제부터는 본격적으로 **담화**[15]에 관해 살펴볼 것이다. 수업에서 상당 부분을 차지하는 담화의 필요성과 형태를 구분해보는 것은 수업에서 교사가 왜 담화 능력을 성장시켜야 하는지, 또 어떻게 하면 성장시킬 수 있는지에 대해서도 큰 도움을 줄 수 있을 것이다.

교사의 담화 능력은
왜 중요한가?

담화란 사전적 의미로는 서로 말을 주고받는 것을 의미한다. 특히나 특정한 주제에 대해서 진지하게 주고받는 말들을 가리켜 담화

---

15. discourse, '특정 주제에 대해서 진지하게 이루어지는 토론 등에서 나타나는 사람들 간의 언어나 문자에 의한 소통'을 의미한다.

라고 한다. 수업에서 교사와 학생 간에는 끊임없는 소통과 연속적인 상호작용이 나타나는데, 이에 중추적인 역할을 담당하는 것이 바로 담화이다.

최근에는 학생들의 학습을 촉진시키기 위한 목적으로 **발문** 또는 **핵심질문** 등에 대해서도 현장 교사들의 관심이 날로 높아지고 있다. 좋은 발문은 교과의 이해는 물론 학생들의 고차원적인 사고를 높이는 데에도 중요한 영향을 미칠 수 있기 때문이다.

수업에서 폭넓게 사용되는 교사의 담화

물론 교사의 담화가 비단 발문만을 의미하는 것은 아니다. 발문뿐만 아니라 교사의 담화는 수업에서 매우 폭넓게 활용되며, 이것이 활용되는 상황들 또한 매우 다양하다. 예를 들어보자. 수업에서 개념에 대한 설명을 하고, 학생들의 참여와 활동을 요구할 때, 학생들의 질문에 대해서 답변을 하고, 학생들의 이해를 확인할 때나 학생들의 학습을 촉진시킬 때에도 담화가 활용된다. 그뿐만 아니라 수업에서 학생들의 활동을 적극적으로 관찰하고 난 후, 그것에 대한 즉각적인 피드백을 제공하는 경우에도 교사는 담화를 활용한다.

이와 같이 교사의 담화는 학생들의 학습 환경을 조성하고, 학생들의 이해와 사고를 확장시키는 데도 중요한 영향을 미친다는 점

에서 수업심리학의 관점에서 볼 때 중요하다. 교사의 담화 능력은
학생 중심 수업을 실천하는 데 핵심능력 중의 하나인 것이다.

수업시간에 이루어지는
담화의 형태는?

교사의 담화는 수업의 전 상황에서 활용된다고 볼 수 있을 것이
다. 수업시간에 이루어지는 담화의 형태는 크게 4가지로 분류해
볼 수 있다. 이는 바로 정보제공, 운영, 재성, 발문[16]이다. 이들 각
각의 의미를 간략하게 살펴보면 다음과 같다.

- 정보제공(telling): 정보를 제시하거나 절차를 보여주는 형태의 담화
  를 의미한다. 이는 학습을 소개하거나, 학습에 도움이 되는 정보를
  제공하기 위해 활용될 수 있다. 또한 학생의 질문에 대해서 답변하
  고, 수업 내용 전반에 대한 정리를 위해서도 활용된다.
- 운영(managing): 수업을 진행하면서 관리하기 위한 담화를 의미한
  다. 수업을 운영하기 위해서 조직하여 준비시키고, 학습과 관련된
  활동을 지시하거나, 동기를 부여하고, 수업의 운영과 과정을 확인

---

16. telling, managing, questioning, revoicing

하기 위해서 활용된다.

- 발문(questioning): 학생들의 학습과 이해를 돕기 위해서, 스스로 생각하고 정리하여, 표현할 수 있는 기회를 제공하기 위한 담화를 의미한다. 학습한 내용을 점검하고, 각자의 생각에 대한 설명을 요구하거나, 정교화 또는 정당화를 요구하기 위해서 활용된다.
- 재성(revoicing): 학생의 담화 전체 또는 일부를 반복하는 것을 의미한다. 학생의 말을 그대로 반복하기도 하고, 새로운 정보를 추가해주거나 다른 형태로 진술해주고자 할 때 활용된다.

위에서 설명한 4가지의 담화는 다시 세부적인 형태로 각각 분류해볼 수 있는데, 이를 정리하면 다음의 그림과 같다.

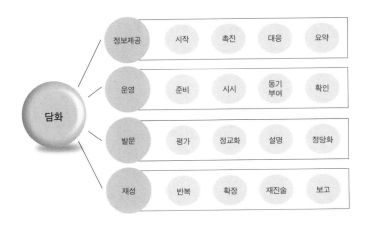

교사 담화의 구성[17]. 4가지 담화는 목적에 따라 다시 세부적인 형태로 각각 구분해볼 수 있다.

이제부터 각각의 담화에 대한 의미와 사례를 좀 더 자세히 살펴볼 것이다. 세부적인 담화의 형태까지 각각의 의미와 구체적인 사례를 살펴보는 것은 여러 가지로 교사들에게 도움을 줄 것이다. 의미와 구체적인 사례를 보게 되면, 본인이 기존에 사용하던 담화를 역할에 따라 구분해볼 수 있다. 또한 각각의 담화를 어떻게 활용할지에 대해 이해하고, 이를 바탕으로 담화 능력을 발전시켜 수업시간에 원활한 소통을 통해 학생들의 배움을 일으킬 수 있다. 그뿐만 아니라 수업시간에 좀 더 전략적이고 체계적으로 담화를 활용해볼 수도 있을 것이다.

정보제공을 위한 담화

정보제공은 앞에서 잠깐 언급했다시피 정보 및 절차를 제공하는 것이 주요 목적이다. 정보제공과 관련된 담화의 형태로는 시작, 촉진, 대응, 요약 등을 들 수 있다.

시작initiating은 주로 도입 부분에서 많이 활용된다. 말하자면 학습 단원이나 내용을 소개하고, 상황을 제시하기 위해 정보를 제공하는 식이다. 구체적인 담화의 예시를 제시하면 다음과 같다.

---

17. Rasmussen, C. et al., 2008, p. 4-5

- 자! 여러분 오늘은 '가족을 사랑하고 감사해야 하는 이유'를 찾아보 도록 하겠습니다.
- 이제 인권이 왜 필요한지 생각해볼 차례입니다.

촉진facilitating은 학생들이 구체적으로 생각하지 못하는 상황에서 학습의 과정에 도움을 주기 위해서 필요한 정보를 제공하는 것이다. 예컨대 학생들이 배움에 가까이 다가갈 수 있도록 교사가 어떤 구체적인 단서를 제공하는 형태일 것이다. 구체적인 담화의 예시를 제시하면 다음과 같다.

- 건습구 온도계로 측정해봅시다.
- 우리가 잘 모르는 것을 □ 라고 두고, 식을 세워보세요.

대응responding은 학생이 보이는 특정 행동이나 질문에 대한 정보를 제공하는 것이다. 구체적인 담화의 예시를 살펴보면 다음과 같다.

학생 : 선생님 공공기관이 뭐예요?
교사 : 공공기관이라는 것은 마을 사람들이 좀 더 편리한 생활을 할 수 있도록 도와주는 곳이에요.

요약summarizing은 수업시간의 학습목표와 관련하여 학생들이 학습한 내용에 대한 정보나, 활동에 대한 구체적인 정보를 간략하게 제공하기 위한 것이다. 구체적인 담화의 예시를 살펴보면 다음과 같다.

- 오늘 우리가 했던 활동들을 통해 다양한 직업들을 알아보았고, 각자가 원하는 직업이 무엇인지를 이야기하면서 직업이 중요한 이유에 대해서 알아보았어요.
- 방금 활동한 내용을 통해서 로봇의 센서와 인체의 구조를 비교해 보았습니다.

운영을 위한 담화

운영을 위한 담화는 수업을 진행하고 관리하기 위한 목적으로 주로 활용된다. 운영과 관련된 담화의 형태로는 준비, 지시, 동기부여, 확인 등을 들 수 있다.

준비arranging는 학생들이 수업 활동의 시작이나 참여를 위해서 준비하는 과정을 말한다. 수업에 필요한 교재나 물건들을 준비할 수 있게 하고, 필요에 따라서는 책상의 배열 등을 조정하는 것 또한 여기에 포함된다. 구체적인 담화의 예시를 살펴보면 다음과 같다.

- 이번 시간에 그리기 활동을 위해서 준비해온 컴퍼스와 자를 꺼내

주세요.

- 주어진 활동지의 2페이지를 펴주세요.
- 4명씩 앉을 수 있도록 책상을 배열합시다.

지시directing는 학생들이 수업 활동에 참여할 수 있도록 하기 위한 목적으로 사용하는 좀 더 구체적인 담화의 형태를 말한다. 주로 절차나 주제 등에 대한 안내를 제공하여 학생들의 활동과 과제 참여에 도움을 줄 수 있다. 구체적인 담화의 예시를 살펴보면 다음과 같다.

- 활동지 2페이지에 있는 2번 과제를 조별로 토론해보고, 한 사람이 토론의 결과를 정리해주세요.
- 그 다음 문제에 대해서 옆 사람과 5분 정도 이야기를 나누어보세요.

동기부여motivating는 학습 내용이나 활동에 흥미와 궁금증을 유발시키기 위해서 사용하는 담화의 형태를 말한다. 구체적인 담화의 예시는 다음과 같다.

- (지구 온난화에 대한 수업을 준비하며) 투발루 공화국은 작은 섬이에요. 그러나 지구 온난화로 해수면이 상승하게 되어 없어질 위기에 처해 있습니다.

- 오늘 내용을 잘 이해하게 되면, 그 문제도 충분히 잘 해결할 수 있을 거예요.

끝으로 **확인**checking은 학생들이 학습한 내용을 잘 이해하고 있는지, 제시된 활동이나 과제가 잘 이루어지고 있는지 등을 점검할 때 사용한다. 구체적인 담화의 예시는 다음과 같다.

- 자! 여러분들 옆 사람과의 토론을 마무리하였나요?
- 토론의 결과들은 잘 정리되었나요?
- 교과서의 내용을 모두 읽어보았나요?

발문을 위한 담화

발문은 주로 학생의 이해와 학습을 목적으로 하는 담화이다. 발문과 관련된 담화의 형태로는 평가, 정교화, 설명, 정당화 등을 들 수 있다.

---

18. 평가를 의미하는 영어단어로는 evaluation과 assessment가 있다. 이 둘의 차이점과 관련하여 evaluation은 총괄평가의 의미를 담고 있다. 그리고 이는 성적과 점수 산출과 관련된다. 반면에 assessment는 형성평가의 의미를 담고 있으며, 좀 더 과정 지향적인 성격을 띤다. 다만, 여기서 평가의 의미를 전자로 명확하게 규정하고 있는 것은, 학생의 태도나 상담적 관점이 아니라 개념을 중심으로 이루어지고 있는 수업 상황에서 개념의 이해나 학생의 답안 등을 확인하는 수준이기 때문이다. Rasmussen 외(2008)에서도 evaluation으로 교사의 담화를 분석하고 있다.

평가evaluating[18]는 학생들의 이해를 점검하기 위한 발문으로, 학생의 답을 확인하는 정도의 발문을 의미한다. 구체적인 담화의 예시를 살펴보면 다음과 같다.

- 지구온난화로 인해서 지구의 기온은 매년 어떻게 되고 있나요?

 (학생 : 증가하고 있어요.)

- $y = -x$에서는 x의 값이 커질수록 y의 값은 어떻게 되나요?

 (학생 : 작아져요.)

정교화clarifying는 학생들의 사고를 현재보다 좀 더 자세하게 정교화 시키기 위한 목적으로 사용하는 발문을 말한다. 구체적인 담화의 예시를 살펴보면 다음과 같다.

교사 : '가꾸기'와 '기르기'의 의미는 비슷한데, 어떻게 다른가요?

학생 : 가꾼다는 것은 '텃밭을 가꾸다.'라고 할 때 쓰고요, 기른다는 것은 '강아지를 기른다.'라고 할 때 사용해요.

교사 : 그렇다면, 둘 다 키운다는 의미를 가지고 있는데, 무엇을 키우는가에 따라서 용어를 다르게 사용할 수 있군요.

학생 : 식물 같은 것들은 가꾼다고 하고요, 동물들은 기른다고 할 수 있을 것 같아요.

평가에서는 주로 다소 단순한 학생의 발언을 요구하는 반면, 정교화에서는 구조화되고 좀 더 자세한 답변을 요구하게 된다. 그렇기 때문에, 정교화는 학생의 답변이 어떻게 진행되는지에 따라서 후속되는 질문이 연속적으로 이어지기도 한다.

설명explaining은 학생 본인이 생각한 것을 설명하도록 요청하는 발문이다. 그런데 여기서 주의할 점은 학생의 설명이 비록 다소 구조화되지 못하고, 잘 정리되지 않아 발표를 잘 하지 못하더라도 자신의 생각을 차분히 설명할 수 있도록 격려해주어야 한다는 점이다. 구체적인 담화의 예시를 살펴보면 다음과 같다.

교사 : (삼각형을 가리키며) 이 도형의 모양에 대해서 어떻게 생각해요?
학생 : 뾰족하기는 하지만, 안정감 있게 잘 놓여 있는 것 같아요.

교사 : 지구온난화로 인한 문제점에 대해서 학생은 어떻게 생각하나요?
학생 : 지구온난화가 되면, 날씨가 더워지고, 그러면 에어컨을 자꾸 틀게 되니까, 지구는 더 더워져서, 계속 안 좋아져요.

끝으로 **정당화**justifying는 학생들이 찬성 또는 반대하는 것에 대해서 자신의 의견을 논리적 근거를 바탕으로 이야기할 수 있도록 요구하는 발문을 말한다. 이와 관련된 교사 담화의 구체적인 예시는 다음과 같다.

교사 : 용돈은 내 것이므로 마음대로 쓸 수 있다고 이야기해줬어요.

혹시 다른 의견이 있는 학생이 있나요?

학생 : 저요! 저는 함부로 쓰면 안 된다고 생각해요.

교사 : 왜 함부로 쓰면 안 된다고 생각하나요?

학생 : 용돈이 내 것이지만 한정되어 있기 때문에, 마음대로 쓰다가
는 정말 돈이 필요한 상황에서 못쓰게 되기 때문이에요. 그래
서 용돈은 내 돈이지만 마음대로 쓰는 것이 아니라 잘 관리해
서 사용해야 한다고 생각해요.

재성을 위한 담화

재성은 학생의 담화를 교사가 반복함으로써 학생이 했던 이야기
를 다시금 확인하거나 좀 더 확장시키는 등의 목적으로 활용될 수
있다. 재성과 관련된 담화의 형태로는 반복, 확장, 재진술, 보고
등이 있다.

반복repeating은 학생이 한 말 전체나 일부를 교사가 다시 말하는
것을 의미한다. 구체적인 담화의 예시를 살펴보면 다음과 같다.

학생 : 전구를 병렬로 연결시켰을 때, 더 밝아요.

교사 : 전구가 병렬로 연결되면 더 밝군요.

이에 비해 **확장**expanding은 학생들이 한 말에 새로운 정보를 추가하여 교사가 다시 말하는 것이다. 예를 들면 다음과 같은 담화의 형태를 말한다.

> 학생 : 조건을 만족시키는 함수의 좌표는 (0,0)입니다.
> 교사 : 조건을 만족시키는 값이 $x=0$, $y=0$일 때이군요.

재진술rephrasing은 학생의 말을 새로운 혹은 다른 방법으로 진술하는 것이다. 예를 들면 다음과 같은 형태의 담화를 말한다.

> 학생 : 병렬로 연결된 전구는 하나를 빼도 남은 전구에 계속 불이 들어와요.
> 교사 : 전구 두 개가 각각 연결되어 있기 때문에, 하나의 연결이 끊어져도 다른 연결에는 영향을 주지 않는 것이군요.

끝으로 **보고**reporting는 특정 학생의 발표에서 나타난 생각, 주장, 논증 등에 대해서 발표한 학생을 밝히면서 다시 말하는 것을 의미한다. 담화의 구체적인 예시를 들어보면 다음과 같다.

> – 준희는 병렬로 연결된 전구가 더 밝아 보인다고 이야기했어요.
> – 영주는 큰 정육면체 안에 작은 정육면체가 4개 들어갈 수 있다고

대답했어요.

　- 서현이는 빈칸에 들어갈 알맞은 말이 '바다'라고 했어요.

이상과 같이 수업시간에는 매우 다양한 형태로 교사의 담화가 이루어질 수 있다. 별것 아닌 것 같지만, 어떤 의도나 목적을 가지고 있느냐에 따라 그때그때 적절한 담화를 활용하는 것만으로도 학생들의 배움을 좀 더 긍정적으로 독려할 수 있다. 교사들이 자신의 담화 역량을 꾸준히 성장시킨다면 수업에서 학생들의 배움 또한 함께 성장해나갈 수 있을 것이다.

3부를 마치며

교사 스스로 자신의 수업을 더욱 성장·발전시키기 위해서는 연구자의 관점을 가질 필요가 있습니다. 그리고 학생 중심 수업을 실천하기 위해서는 학생에게 주목하고, 이를 기반으로 수업을 운영할 수 있는 능력도 필요합니다.

연구자의 관점이라고 해서 현실과 동떨어진 학문적 연구를 의미하는 것은 아닙니다. 다만 연구자의 관점에서 학생의 심리적인 이해를 기반으로 수업을 실행하고 성찰하여 개선하기 위해서는 교사들도 질적인 연구 방법의 기본을 이해하고 활용할 수 있어야 할 것입니다. 왜냐하면 시대적으로 교사들에게도 수업을 개발하고 개선해나갈 수 있는 전문성이 요구되고 있으며, 수업에서 가장 중요하게 고려되어야 할 대상인 학생들은 저마다 매우 다양하여 단 몇 가지 이론이나 사례로 일반화시킬 수 있는 대상이 아니기 때문입니다.

다양한 질적 연구방법 중에서 '실행-성찰-개선'의 순환적인 과정을 통한 실천 중심의 연구 방법이 바로 **실행연구**입니다. 실행연구의 목적은 본인이 처해 있는 문제를 개선하려는 것이며, '문제 확인-실행계획-자료 수집-분석-실행 개선'이 반복적으로 이루어지는 과정에서 수업의 개선과 성장을 꾸준히 이뤄가게 됩니다.

수업의 성장 방향은 학생에게 의미 있는 성장의 기회와 도움을 제공하는 쪽으로 이루어져야 하며, 수업은 이를 위해서 학생에게 초점을 맞추어야 합니다. 수업심리학에서 학생 중심의 수업이란 학생이 수업의 주체가 되어 능동적인 학습을 할 수 있도록, 교사가 학생에게 더욱 집중하는 수업을 의미합니다. 특히 교사는 학생의 사고에 집중하기 위해서 '주목하기'를 훈련할 필요가 있는데, 교사의 주목하기 능력이 성장한다는 것은 교실 전반적인 것을 보고 느끼는 것이 아니라, 개별적인 학생들의 학습과 교수 전략 사이의 관계에 집중할 수 있게 됨을 의미합니다.

그런데 주목하기 능력이 마치 사전에 충분한 준비를 통한 반사적 대응 정도로 이해되어서는 안 될 것입니다. 교사는 꾸준한 연습과 노력으로 주목할 것에 대한 민감성을 높여 즉각적이고, 유동적으로 대응하여 학생들에게 의미 있는 배움의 기회를 제공해주는 것이 중요합니다.

이러한 학생 중심 수업에서 중요한 역할을 담당하는 것이 바로 교사의 **담화**입니다. 교사는 담화를 통하여 수업을 운영할 수도 있지만, 학생들에게 수업에 관한 유용한 정보를 제공하고, 학생들의 고차원적인 사고에 도움을 주는 발문으로도 활용되며, 재성을 통하여 학생들의 사고를 공유함으로써 수업시간에 배움을 더욱 촉진할 수도 있기 때문입니다.

앞선 1~3부에서 수업심리학의 이론적 틀과 함께 교사들이 왜 수업심리학을 만나야 하는지 그리고 우리 교사들이 어떤 역량을 키워야 하는지에 관해 충분히 살펴보았을 것이다. 이제부터는 본격적으로 수업을 디자인하고, 실천하고 나아가 수업 이후의 성찰을 통해 수업을 발전시켜나가는 데 있어 어떤 식으로 수업심리학을 활용할 것인지에 관해 이야기해보려 한다. 특히 교육과정을 재구성하는 과정에서 수업심리학적 관점이 어떤 영향을 미치는지 관심 있게 보아주었으면 한다.

수업심리학을
기반으로 수업을
실천하고 평가하다

"수업을 준비, 실행, 성찰하는 과정에서 학생과 눈높이를 맞춘다"

01
교육과정 재구성의 기본은
창의적인 이해와 해석이다

과거 교사들은 가르치는 학생들의 특성을 고려하면서 자신의 개
성을 담은 수업을 연구·개발하고 싶어도, 학기 내에 정해진 교육
과정을 완수해야 한다는 압박감에 감히 실천할 엄두조차 내지 못
했던 게 사실이었다. 교과서 내용에 충실한 천편일률적인 강의식
수업 방법이 가진 효율성에 기댄 채 학기 내에 교육과정을 모두
소화하는 데 급급했던 것이다.

그러다가 교사들이 교육과정 재구성에 본격적으로 관심을 가지
게 된 것은 편성과 운영에 있어서의 자율성이 확대된 이후라고 할
것이다. 1992년에 고시된 6차 교육과정에서는 초등의 학교 재량
시간, 중학교의 선택 시간이나 고등학교의 교양 선택 시간 편성권
이 시·도 교육청에서 학교로 이양되었다. 7차 교육과정 이후부터

는 학교 교육과정 편성에 있어서 자율성이 더욱 확장되기 시작하였다. 그리고 이를 계기로 교육과정에 대한 학교 현장의 관심이 더욱더 높아지게 된 것이다.

이제 오직 교과별 시수가 있는 편제표만을 교육과정이라고 인식하는 교사는 거의 없을 것이다. 실제로 학교에서 학생들이 경험하게 되는 모든 것들은 전부 교육과정의 일부라고 할 수 있다. 이에 교사들은 교과서 진도 중심의 획일적인 수업 방법에서 탈피하여 교육과정의 실행자가 되기 위해 **교육과정을 재구성**하려는 노력들을 본격적으로 실천하고 있다.

교육과정을 재구성한다는 것은 교육의 주체인 교사와 학생 그리고 지식이 함께 만나 서로 어우러지도록 하는 것이다. 이러한 과정에서 수업과 평가는 자연스럽게 하나로 연결된다. 이를 위해서 교사들은 교육과정에 더욱 익숙해져야 하며, 나아가 교육과정을 창의적으로 이해하여 실행하는 능력을 갖춰야 한다.

교육과정을 읽고
해석한다는 것

교사가 교육과정에 익숙해지려면 교육과정을 읽고 해석하는 능력이 반드시 필요하다. 바로 이러한 능력을 가리켜 **교육과정 문해력**

이라고 한다. 경기도교육청(2016)에서는 교사의 교육과정 문해력의 의미에 대해서 다음과 같이 정의하였다.

성취기준을 중심으로 교육과정 문서를 읽고 해석하여, 교육과정 재구성과 배움 중심 수업, 성장 중심 평가를 실행하는 교육과정 상용 능력이다(p.8).

교육과정 문해력을 갖추기 위해 필요한 요건

교육과정 문해력을 갖추기 위해 교육과정을 읽고 이해한다는 것은 과연 어떤 의미일까? 그것은 교사가 교육과정에 어떤 내용들이 제시되고 있는지를 알고, 각각의 의미가 무엇인지를 이해하여 활용하는 것을 뜻한다. 특히, 성취기준이나 내용 요소만을 이해하기 위해 노력해서는 안 된다. 최근 개정된 교육과정의 경우에는 문서상에 성격, 목표, 내용체계 및 성취기준, 교수-학습 및 평가의 방향 등으로 구분해 교육과정 문해력에 필요한 요건들을 제시하고 있으며, 교육과정의 실현을 위해 모든 요소들이 중요한 역할을 하고 있다. 이제부터 그 각각의 의미를 살펴보자.

성격이란 교과가 가진 고유한 특성을 개괄적으로 소개하는 것이다. 해당 교과를 왜 교육해야 하는지 그 이유와 필요성, 교과교육의 본질과 의의 등을 서술하고, 교과를 통해 함양되어야 하는 역량을 제시한다.

목표란 교과 교육과정이 지향해야 하는 방향과 학생이 학습을 통하여 달성해야 하는 도달점 등을 제시하는 것이다. 이때 교과 차원에서의 총괄적인 목표와 세부목표, 학교급 및 학년군별 목표 등을 진술한다.

'내용체계 및 성취기준'에서 우선 내용체계는 수업에서 다루어야 할 알맹이, 즉 내용에 관한 것들로 다시 세분된다. **내용체계**는 영역, 핵심개념, 일반화된 지식, 내용요소, 기능으로 구성되는데, 각각의 구성요소와 의미는 다음과 같다.

- 영역: 교과의 성격을 가장 잘 나타내주는 최상위의 교과 내용 범주
- 핵심개념: 교과의 기초 개념이나 원리
- 일반화된 지식: 학생들이 해당 영역에서 알아야 할 보편적인 지식
- 내용요소: 학년 또는 학년군에서 배워야 할 필수적인 학습 내용
- 기능: 수업 후 학생들이 할 수 있거나 할 수 있기를 기대하는 능력으로 교과 고유의 탐구 과정 및 사고 기능 등을 포함. 특히, 교과에서 제시한 역량을 구체화하기 위하여 제시됨.

성취기준이란 학생들이 교과를 통해 배워야 할 내용과 이를 통해 수업 후에 할 수 있거나 할 수 있기를 기대하는 능력을 결합하여 나타낸 수업 활동의 기준이다. 성취기준에서는 영역명과 함께 학습요소, 성취기준 해설[1], 교수-학습 방법 및 유의사항, 평가 방법

및 유의사항 등을 제시한다. 각각의 요소와 의미는 다음과 같다.

- 학습요소: 성취기준에서 학생들이 배워야 할 학습 내용을 핵심어로 제시한 것
- 성취기준 해설: 제시한 성취기준 중 자세한 해설이 필요한 성취기준에 대한 부연 설명, 특별히 강조되어야 할 성취기준을 의미하지는 않음
- 교수-학습 방법 및 유의사항: 해당 영역의 교수-학습을 위해 제안한 방법과 유의사항으로, 학생 참여 중심의 수업 및 유의미한 학습 경험 제공 등을 유도하는 내용 제시
- 평가 방법 및 유의사항: 해당 영역의 평가를 할 수 있도록 제안한 방법과 유의사항으로, 해당 영역의 교수-학습 방법에 따른 다양한 평가, 특히 과정 중심 평가가 이루어지도록 관련 내용 제시

교육과정 문해력에 필요한 마지막 요건은 **교수-학습 및 평가의 방향**이다. 교수-학습의 방향에서는 교과의 성격이나 특성에 비추어 포괄적 측면에서 교수-학습의 철학 및 방향, 교수-학습의 방법 및 유의사항을 제시하고 있다. 그리고 평가의 방향에서는 교과의 성격이나 특성에 비추어 포괄적 측면에서 교과의 평가 철학 및 방향,

---

1. 교과별 제공하는 교과도 있고, 제공하지 않는 교과도 있다.

평가 방법, 유의사항 등을 제시하고 있다.

그런데 위와 같은 설명에 지나치게 의존한 나머지 교사가 교육 과정에 익숙해진다는 것이 마치 교육과정에 제시되어 있는 내용 만 단순히 잘 숙지하면 되는 수준으로 해석해서는 곤란하다. 이를 바탕으로 교육과정의 내용을 각자가 가르치는 학생의 특성에 맞 추어 실현시키는 것까지 포함시켜야 한다.

성장을 이끌어내는 교육과정 재구성에 관하여

교육과정이란 비단 학교 수업에서 이루어지는 교과에 대한 학습 만을 가리키는 것이 아니다. 교육과정은 교과뿐만 아니라 생활 영 역의 전체를 아우르는 것이다. 따라서 교육과정 재구성은 넓은 의 미에서는 학교 교육과정 차원에서 학교의 교육목표를 세우고, 이 에 맞추어 학교 교육과정을 연계시키는 형태의 교육과정 재구성 을 이야기할 수 있으며, 좁은 의미에서는 우리의 수업과 밀접하게 관련시켜 교과 내, 교과 간, 학년 간 또는 이들 중 여러 가지를 동 시에 적용시키는 방식으로 실시되는 재구성을 이야기할 수 있을 것이다.

학생들의 삶과 연결되는 교육과정

교육과정 재구성은 학생과 학교, 지역 등의 특성과 여건 등을 고려하고 반영할 때 더욱 의미가 있다고 할 수 있다. 왜냐하면 학생들의 생활과 동떨어지지 않은, 즉 삶과 연결된 더욱 생생한 교육을 추구할 수 있기 때문이다. 교육이 학생들의 삶과 멀어질수록 교육은 그저 책 속에만 존재하는 공허한 허상에 머물기 쉽다는 것을 여러분은 잘 알고 있을 것이다. 따라서 교육에 있어 학생의 삶이 반영된 교육과정은 학생들의 수업에 대한 몰입을 높일 뿐만 아니라, 좀 더 깊은 수준의 관심과 이해를 이끌어낼 수 있다.

그런데 많은 교사들이 교육과정 재구성이라고 하면 항상 타 교과와 융합을 한다거나, 교과 학습의 순서를 바꾸는 등 방법의 혁신성이 중요하다고 오해하고 있다. 하지만 이는 사실이 아니다. 오히려 필자는 이런 방법적인 측면보다는 철학적인 측면에서의 접근이 더욱 필요하다고 생각한다. 우리가 함께 공유해야 하는 교육과정 재구성의 목적은 교과서에 획일적으로 학생들을 맞추는 것이 아니라, 학생들 개개인의 수준과 능력, 요구에 교육을 맞추기 위해 필요한 노력일 것이다. 따라서 이러한 목적을 이루기 위해 교사들이 수업을 준비하고 진행하는 과정에서 하게 되는 노력들은 모두 교육과정 재구성이라고 할 수 있다.

학생의 성장을 이끌어내는 교육과정이란?

학생의 성장을 추구하기 위해서 교사가 교육과정을 재구성하고, 이를 바탕으로 수업을 디자인하고, 수업을 실행하며, 이후 성찰 및 개선의 과정을 통하여 수업이 발전되는 일련의 과정은 순환적이다. 특히, 특정 단원의 수업이 종료되었다고 하더라도 수업과 관련된 정보는 계속해서 쌓여가게 된다. 따라서 수업의 발전은 어느 하나의 단계만 집중하여 강조한다고 해서 이루어지는 것이 아니며, 전체 단계가 서로 영향을 미치며 계속 순환하는 연속성의 관점으로 이해되어야 할 것이다. 이를 도식화하면 다음 그림과 같으며, 각 단계에 대해서는 다음 장부터 하나씩 깊이 있게 고찰해보고자 한다.

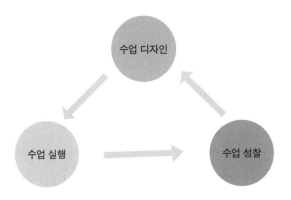

수업의 발전 과정. 수업을 디자인하고 실천하며, 그 결과를 성찰하는 일련의 과정을 반복하며 교사의 수업은 점점 더 발전하게 된다.

02
수업 디자인, 수업의 모든 것을
학생 맞춤형으로 구상하다

교사라면 누구나 좋은 수업을 만들기 위해 수업 준비에 최선의 노력을 기울일 것이다. 그런데 수업을 준비하는 과정에서 가장 중요하게 생각되어야 하는 것은 무엇일까? 수업심리학에서는 무엇보다 수업을 교사 **본인이 직접** 준비해야 한다는 점에 주목해야 한다고 생각한다. 왜냐하면 가르치는 학생 개개인의 특성은 교사 본인이 가장 잘 파악하고 있기 때문이다.

사실 최근에는 교사들의 수업에 대한 부담을 줄여주기 위해서, 국가나 시·도 교육청 차원에서의 다양한 교수-학습 자료들이 개발되고 있으며, 이것들이 학교 현장에 제공되고 있다. 특히 2015 교육과정을 개정하면서 전 과목에 걸쳐서 자료를 개발하기도 하였으며, 이들 대부분은 활동 중심으로 수업이 이루어질 수 있도록 교과 내용과 연계하여 학습 내용이 재구성되어 있다.

　그 외에도 교과서를 제작하는 여러 출판사에서도 학생용 교과서와는 별개로 교사용 지도서를 만들어 학교에 따로 제공하는데, 이에 '교수-학습 과정안'이 함께 제공되기도 한다.

　그런데 이렇게 현장에 제공되고 있는 자료들은 대체로 표준화된 자료들이라고 볼 수 있다. 물론 이러한 표준화된 자료들을 활용한 수업이 무조건 나쁘다는 뜻은 아니다. 다만 표준화되었다는 뜻은 곧 '일반적' 또는 '평균적' 수준에서 누구나 적용할 수 있도록 만들어진 자료라는 뜻이다. 결국 자신이 현재 지도하고 있는 학생들의 특성이나 수준은 전혀 고려되어 있지 않은 말 그대로 일반화된 표준의 자료라는 뜻이기도 하다.

　또한 자료의 제작에 참여한 연구자나 교사의 의도가 수업을 직접 준비하고 진행하는 각 학교 현장 교사 개개인의 의도와 일치한다고 보기 어렵다는 측면에서도 한계가 있다. 이런 측면에서 볼 때, 수업을 준비할 때에는 시중에 나와 있는 다양한 자료들을 참조할 수는 있겠지만, 오롯이 자신의 수업으로 전환시키기 위한 교사 본인의 추가적인 노력이 반드시 더해져야 할 것이다.

　일반적으로 교사가 수업을 디자인할 때 고려해야 하는 요소[2]들은 다음과 같다.

---

2. 단, 제시된 순서가 고려해야 하는 순서를 의미하지는 않는다.

첫째, 교육과정 확인

둘째, 성취기준 해석 및 세부 성취기준 설정

셋째, 과제 설계

넷째, 학생반응 예상

이제부터 이 네 가지 요소들 각각에 대해서 실제 교육과정을 기반으로 하여 좀 더 자세히 살펴볼 것이다.

교육과정의 내용을 확인한다

교사가 교육과정 재구성을 하기 위해서는 우선 교육과정에 제시된 내용들에 대한 확인이 필요하다. 특히, 교사가 수업 준비에 앞서 반드시 확인해야 할 내용들을 살펴보면 '성취기준', '학습요소', '교수-학습 방법 및 유의사항', '평가 방법 및 유의사항' 등일 것이다. 이러한 내용들의 확인을 통해서 수업을 준비하는 교사들 각자가 수업을 통해 학생들이 배워야 하는 것이 무엇인지, 수업에서 특히 유의해야 하는 것이 무엇인지, 무엇을 평가해야 하는지 등을 제대로 파악할 수 있기 때문이다.

수업을 통해 학생들은 무엇을 배워야 하는가?

그저 이론을 기반으로 한 막연한 설명보다는 구체적인 사례를 통해 설명하는 편이 여러분에게도 내용을 좀 더 쉽게 전달할 수 있을 거라고 생각한다. 그래서 고등학교 1학년 수학 교과와 관련된 교육과정의 내용을 기반으로 교육과정 확인에 대해 좀 더 구체적으로 살펴보려 한다. 학생들과 함수에 대해서 학습하였으며, 이에 대해서 정리해보는 수업을 디자인할 예정이다.

우선 성취기준과 학습요소를 통해서는 수업에서 학생들이 무엇을 배워야 하는지와 수업의 목적과 관련된 키워드들을 확인할 수 있다.

함수 단원에서 성취기준을 예시해보면 다음과 같다.

---

① 함수

[10수학04-01]함수의 개념을 이해하고, 그 그래프를 이해한다.

[10수학04-02]함수의 합성을 이해하고, 합성함수를 구할 수 있다.

[10수학04-03]역함수의 의미를 이해하고, 주어진 함수의 역함수를 구할 수 있다.

이에 따른 학습요소를 정의해보면 다음과 같을 것이다.

정의역, 치역, 공역, 대응, 일대일대응, 항등함수, 상수함수, 일대
일함수, 합성함수, 역함수, 다항함수, 유리식, 무리식, 유리함수,
점근선, 무리함수, $f: x \to y$, $g \circ f$, $(g \circ f)(x)$, $y = g(f_{(x)})$, f^{-1}, $y = f^{-1}(x)$

학생들은 함수라는 단원에서 기본적으로 함수에 대한 개념을 이
해해야 한다. 아울러 함수를 그래프로 이해할 수 있어야 하며, 함
수의 합성, 역함수 등의 의미도 이해해야 한다. 함수에 대한 개념
을 이해하게 되면, 함수라는 조건을 만족하는 다양한 종류의 함수
들도 생각해볼 수 있는데, 교육과정의 학습요소에서 제시된 바와
같이 일대일대응, 항등함수, 상수함수, 합성함수, 역함수, 다항함
수에 대한 이해도 수업을 통해서 확인되어야 할 것이다.

교사가 유념해야 할 교수-학습 방법 및 평가에 관하여

학생들이 수업시간에 배워야 할 내용, 즉 교육과정에 대한 확인이
이루어지고 나면, 그 다음에 살펴봐야 할 것이 바로 교수-학습 방
법과 평가일 것이다. 교사가 수업시간에 특히 유념해야 하는 유의
사항을 좀 더 구체적으로 확인하기 위해서 위에서 예시했던 함수
단원에 있어서의 교수-학습 방법 및 유의사항과 평가 방법 및 유

의사항을 살펴보자. 내용은 다음의 표와 같다.

| 표 4-1 | 교수-학습 및 평가 방법과 유의사항

구분	세부 내용

교수-학습
방법
및
유의사항
	• 함수의 개념은 중학교에서 학습한 내용을 확장하여 주어진 두 집합
	  사이의 대응 관계를 통해 이해하게 한다.
	• 함수의 그래프를 다룰 때 공학적 도구를 이용할 수 있다.
	• 일대일대응, 항등함수, 상수함수, 일대일함수, 합성함수, 역함수의 의
	  미는 구체적인 예를 통해 이해하게 한다.
	• 유리식, 무리식은 유리함수, 무리함수의 의미를 이해할 수 있을 정도
	  로 간단히 다룬다.
	• 대응으로 정의된 함수의 예를 찾아보는 활동을 통해 함수의 유용성을
	  인식하게 한다.

평가
방법
및
유의사항
	• 함수의 그래프와 그 성질에 대한 이해를 평가할 때 지나치게 복잡한
	  문제는 다루지 않는다.
	• 유리함수와 무리함수는 $y=\dfrac{ax+b}{cx+d}$ 및 $y=\sqrt{ax+b}+c$ 의 기본적
	  인 형태를 중심으로 간단한 문제만 다룬다.

※출처: 교육부, 2015e

이상의 표를 살펴보면 알 수 있듯이, 함수 수업에서 유의해야 할 점으로는 학생들의 공학적 도구의 활용을 고려해볼 수 있다. 그리고 개념의 이해와 관련하어 일대일대응, 항등함수, 상수함수, 일대일함수, 합성함수, 역함수의 의미는 구체적인 예를 통해서 이해하도록 해야 함을 알 수 있다. 그러나 함수의 그래프와 그 성질에 대한 이해를 평가할 때에는 지나치게 복삽한 문제를 다루지 않아야 함에도 유의해야 한다고 했다. 수업을 디자인할 때 이와 같이 미리 정리해둔다면 실제 수업에서 교수-학습 및 이후 평가를 진행할 때 좀 더 뚜렷한 지침을 확보할 수 있을 것이다.

성취기준을 해석하고, 세부 성취기준을 설정한다

수업을 통해서 학생들에게 배움이 일어날 때 진정 의미 있는 수업이라고 할 수 있을 것이다. 만약 수업을 통해 학생들이 아무것도 배우지 못한다면 교사가 아무리 열심히 준비한 수업이라도 수업의 의미를 찾기란 어려울 것이다. 따라서 교사는 수업의 실천에 앞서 학생들에게 배움이 일어났는지를 구체적으로 확인할 수 있도록 성취기준을 마련해두어야 할 것이다.

이에 국가 수준의 교육과정에서 주어진 성취기준을 교사가 수업을 통해 구체화하기 위해서 재해석하고 재진술하는 과정이 필요하다. 이를 위해서는 먼저, 학생들이 제시된 성취기준을 달성했을 때의 상태를 확인할 수 있는 질문을 제시해볼 수 있다. 구체적인 설명을 위해 앞서 예시로 든 함수 단원의 교육과정을 계속 활용하려 한다. 이 수업에서는 구체적인 예를 통하여 개념의 이해를 확인하기 위해서 함수에서 중요하게 다루어지는 그래프들을 중심으로 다룰 예정이다. 이에 교사는 학생들의 성취기준을 다음과 같이 설정할 수 있을 것이다.

- 기본적인 함수의 개념을 다양한 함수들에서 확인할 수 있는가?
- 그래프를 통하여 함수의 특성을 이해할 수 있는가?

그리고 이러한 수업에서의 핵심목표를 확인할 수 있는 세부적인 질문들을 다음과 같이 다시 제시해볼 수 있을 것이다.

- 함수인 그래프를 모두 찾을 수 있는가?
- 역함수가 존재하는 그래프를 모두 찾을 수 있는가?
- 서로 역함수 관계에 있는 함수를 찾을 수 있는가?
- 항등함수를 찾을 수 있는가?
- 상수함수를 찾을 수 있는가?
- 합성 관계인 함수를 찾을 수 있는가?

이상과 같이 교사는 수업을 준비하는 과정에서 수업을 통해 달성해야 할 교육과정 성취기준을 분명하고 구체적으로 제시해둘 필요가 있다. 이를 통해 교사는 수업을 마친 후에 학생들에게 수업을 통해 꼭 달성해야 할 배움이 과연 제대로 이루어졌는지 스스로 확인할 수 있을 것이다.

교사의 수업 의도를
반영한 과제를 설계한다

아무리 성취기준을 잘 설정했다고 해도, 교사가 학생들이 성취기준을 달성할 수 있도록 효과적으로 도움을 줄 수 있는 과제를 적절히 제시해주지 못하면 아무런 의미가 없다. 그렇기 때문에 수업 디자인에서 과제 설계가 더욱 중요한 것이다. 과제 설계란 설정된 세부 성취기준을 기반으로 하여 학생들에게 제공할 과제를 설계하는 과정이다.

사실상 수업을 디자인하면서 가장 중요한 것이 바로 과제 설계다. 왜냐하면 수업시간에 '교사의 의도'를 담아서 학생들을 관찰하고 피드백을 제시하기 위한 활동을 제공하는 것이 바로 과제이기 때문이다. 또한 학생들은 과제에 참여하면서 교사 및 주변 친구들과 의사소통하게 되고, 학습에 관한 다양한 정보들을 교사에게 제공하게 된다. 앞서 예시로 들었던 함수 단원의 수업을 바탕으로 과제를 구체적으로 예시해보면 옆 페이지의 그림과 같다.

그림에서 제시된 과제를 살펴보면 폐쇄형 과제가 아닌 '개방형 과제[3]'의 형태로 제시된 것을 알 수 있다. 개방형의 형태로 과제를 제시한 이유는 다양한 수준과 요구를 가진 학생들이 함께 참여할

---

3. 문제의 답이나 과정이 여러 가지 존재하는 과제를 말한다.

1. 주어진 그래프들을 함수적 특성에 따라 분류하여 보고, 관계를 설명하시오.

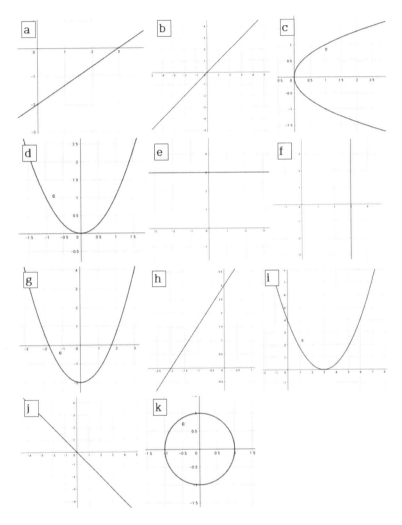

학생들에게 제시된 과제의 예시. 수업을 디자인할 때 가장 중요한 것 중의 하나가 바로 과제의 설계다. 이때 교사의 수업 의도가 잘 반영되어야 한다.

수 있도록 하기 위함이다. 또한 이러한 과제를 제시함으로써 교사는 학생들의 활동 결과에 대해 단순히 맞고 틀렸다는 수준의 단편적인 정보만을 제공하는 것이 아니라, 학생들의 이해 수준에 따른 맞춤형 정보를 제공할 수 있다.

이러한 정보의 제공은 교사로 하여금 각 학생들이 배움의 기회를 포착하도록 도와주며, 즉각적이고 적절한 피드백을 통하여 학생이 배움을 심화시키는 데 도움을 줄 수 있다. 과제는 성취기준 달성을 확인하기 위해서 작성하였던, 세부 질문들을 확인할 수 있도록 구성하면 된다.

수업 중 나타날 수 있는
학생 반응을 예상해본다

아무리 알차고 좋은 내용을 담고 있는 수업이라도 학생들을 학습 내용과 무관한 '딴 짓의 세계'로 인도해버린다면 열심히 수업을 준비한 교사의 입장에서 그보다 더 허망한 일도 없을 것이다. 따라서 수업을 디자인할 때는, 수업의 진행 과정에서 나타날 수 있는 학생들의 다양한 반응들을 미리 예상해볼 필요가 있다. 학생 반응의 예상은 과제 설계와 거의 동시에 이루어질 수 있다.

모든 것을 예측할 순 없지만, 반드시 고려해봐야 할 것들

물론 수업에서 나타날 수 있는 학생들의 반응을 교사가 모두 정확하게 예측한다는 것은 사실상 불가능하다. 거듭 말하지만, 수업은 굉장히 복잡하고 다양한 요인들에 의해서 끊임없이 영향을 받고, 아주 작은 변수에 의해서도 큰 변화가 일어날 수 있기 때문이다. 그럼에도 불구하고 수업을 디자인할 때 학생의 반응을 미리 예상해보는 것은 중요하다. 왜냐하면 교사가 수업에서 무엇에 더욱 주목해야 하는지에 대한 민감성을 높일 수 있고, 그에 따른 대안도 모색해볼 수 있기 때문이다.

교사가 수업을 준비하면서 예상해볼 필요가 있는 학생의 반응은 과제를 성공적으로 해결했을 때의 반응은 물론, 어려움에 봉착하게 될 때의 반응에 이르기까지 다양하게 고려해보아야 할 것이다. 이를 위해서는 '발생적 분해'나 '문헌연구', '교사의 경험' 등이 도움이 된다.

발생적 분해란 2부에서도 설명했지만, 개념 이해의 과정에 대해 학생들의 사고를 세부적으로 나누고 분해해보는 과정을 말한다. 이를 통해 학생들의 개념적인 문제행동에 대해서 무엇이 부족한지 진단함으로써 처방적인 교수 방법을 제공할 수 있다.

또한 교과별로 학생들이 학습의 과정에서 겪는 어려움이나 극복 방안에 대한 연구 논문이나 보고서, 서적 등의 문헌이 존재한다. 이러한 **문헌들을 참고**하는 것도 학생들의 반응을 예측하는 데에 유용한 도움을 준다.

끝으로 교사 자신의 **경험**이다. 비록 일일이 정리해두지 않았더라도, 과거 교사가 관련된 교과에 대해서 지도를 해온 경험들은 학생들의 반응을 예측하는 데에 많은 도움을 준다. 교사의 경험적 지식을 결코 무시해서는 안 된다. 교사 개개인이 경험적으로 축적한 지식 또한 학문적으로 검증된 지식 못지않게 수업에서 매우 가치 있게 평가해야 한다. 그렇기 때문에 일반적으로 경력이 많은

| 표 4-2 | 예상되는 학생의 반응과 대응방안

학생의 반응	교사의 대응

• 과제 해결
  - a, b, d, e, g, h, i, j : 함수
  - a, b, j, h : 일차함수, 일대일대응, 역함수 존재
  - d, g, i : 이차함수, 역함수 존재하지 않음
  - e : 상수함수
  - a, h : 역함수 관계
  - d, c : $y = x$에 대칭
  - c, f, k : 함수가 아님
  - $a \circ a = g$, $d \circ a = i$: 합성함수 관계를 확인
	• '정교화', '설명', '정당화'를 위한 담화의 제시
	• 일부 과제만 해결한 경우에는 다른 특성에 따른 분류도 시도할 수 있도록 '촉진'하는 담화 제시

• 함수인 것과 함수가 아닌 것을 찾지 못함 • d, c의 관계를 역함수로 서술 • e, f를 모두 상수 함수로 인식	• 함수의 개념에 대해서 이해할 수 있는 기회를 제공
• 합성함수를 찾지 못함	• 합성함수의 개념 이해를 확인 • 교사가 각 함수의 식을 제시 • 학생들에게 각 함수의 식을 찾아보도록 발문

교사들이 신입 교사나 저경력 교사에 비해 수업을 더욱 능숙하게 운영할 수 있는 것이다.

앞서와 마찬가지로 함수 단원 수업의 예시를 통해 교사가 수업 중에 나타날 수 있는 학생들의 반응과 이에 대해 어떻게 대응할지를 구체적으로 제시해보면 표 4-2와 같다.

예상해본 학생의 반응에 대한 교사의 대응을 조금 더 구체화시키기 위해서 교사가 주목한 상황을 중요한 배움의 기회로 이용할 수 있다. 이 함수 단원 수업의 경우에는 표 4-3과 같은 후속 질문들을 생각해볼 수 있을 것이다.

| 표 4-3 | 교사의 후속질문의 예

대응방안	후속 질문
• '정교화', '설명', '정당화'를 위한 담화 제시 • 일부 과제만 해결한 경우에는 다른 특성에 따른 분류도 시도할 수 있도록 '촉진' 하는 담화 제시	• "선택한 것들이 왜 모두 함수라고 생각하니?" • "이것들이 함수가 아닌 이유는 무엇인가요?" • "최고차항의 차수로도 함수를 구분할 수 있지 않을까요?"
• 함수의 개념에 대해서 이해할 수 있는 기회를 제공	• "함수가 무엇이지요?" • "그래프에서 함수를 확인할 수 있나요?"
• 합성함수의 개념 이해를 확인 • 교사가 각 함수의 식을 제시 • 학생들에게 각 함수의 식을 찾아보도록 발문	• "합성함수가 무엇인가요?" • "각 함수들의 식을 찾아볼까요?" • "각 함수들의 식이 다음과 같을 때, 합성 관계인 것을 찾아볼까요?"

학생들이 배움에 한층 더 다가설 수 있는 수업을 만들기 위해

우리는 여기에서 수업심리학을 기반으로 어떻게 수업을 디자인해야 하는지 살펴보았다. 즉 어떻게 해야 모든 학생들의 배움에 도움을 주고, 아울러 수업을 통해 과연 배움이 일어났는지 확인해볼 수 있도록 수업을 만들어가기 위해 교사가 고려해야 할 여러 가지 요인 등에 관해 알아보았다.

교사가 수업을 통해 어떤 내용을 다루고 싶은지, 이러한 내용을 학습하기 위해 어떤 과제를 제시해야 하고 또 평가해야 할지, 수업시간에 나올 수 있는 학생들의 다양한 반응에 어떻게 준비하고 대처함으로써 이를 중요한 학습의 기회로 만들 것인지 등에 관한 것이었다. 이 모든 준비들이 결국 좋은 수업을 만들기 위한 교사의 노력이며, 진정한 의미의 학생 중심 수업을 실천하기 위한 첫 걸음일 것이다.

수학 교사인 필자는 다음과 같은 과제를 접한 적이 있다.

우리 생활 주변에서 원과 직선이 두 점에서 만나는 예를 찾아라.

여러분은 이 과제를 보면 어떤 느낌이 드는가? 학생들에게 과연 좋은 과제일까? 필자는 사실 잘 모르겠다. 왜냐하면 일단 이 과제를 통해서 교사가 지도해야 하는 것이 무엇인지, 학생들이 학습해야 하는 것이 무엇인지가 다소 불명확하기 때문이다. 아울러 문제에서 제시하고 있는 예시들도 현실적으로 찾아내기가 어렵다. 더욱이 이 과제는 학생이 어떤 성취기준을 목표로 해야 하는지, 과제의 제시 후 학생들에게 예상되는 반응은 무엇인지에 대한 고려도 부족해 보인다.

그렇다면 대체 왜 이런 과제를 제시하게 된 걸까? 아마도 교육과정이 학생들의 현실과 동떨어지면 안 된다고 하는 강박에서 비롯된 게 아닐까 싶다. 즉 이 과제는 학생의 배움과 무관하게 단지 '개방형, 현실 소재 활용'을 이용하여 과제를 만드는 형식 자체가 주요한 목적이었던 것 같다. 그렇다 보니 가르쳐야 할 내용도, 평가해야 할 내용도 모두가 다 모호한 이상한 과제가 만들어지고 만 것이다.

수업심리학에서 수업을 디자인할 때 우리 교사들이 지속적으로 고려해야 할 것은 교육과정에서 제시하고 있는 것들과 연계해서 교사가 수업 상황을 머릿속으로 직접 상상해보는 것이다. 이를 가리켜 **사고실험**이라고도 한다. 이를 통해서 예측되는 상황에 대한 대안을 준비하다 보면 결국 교사의 의도가 수업에 적극적으로 반영될 수 있다. 이러한 모든 노력을 통해 교육과정의 내용을 충실히 반영하면서도 학생들은 배움에 한층 더 다가설 수 있는 의미 있는 수업을 만들어갈 수 있을 것이다.

03
수업 실행,
배움을 일으키는 수업을 실천하다

앞에서는 교사가 실제 수업을 진행하기에 앞서 진정한 학생 중심 수업을 실현하기 위해 수업심리학에 근거해 수업을 어떻게 디자인하고, 어떤 세부 준비가 필요한지 살펴보았다. 이제부터는 교사의 수업 디자인을 구현하는 실제 수업의 실천과 관련된 이야기들을 해보려 한다. 이번 장에서 이야기할 수업 실행의 최우선적 목표는 학생들에 대한 이해와 수업에서 **지식 구조**를 발달시킬 수 있는 기회를 제공하는 것이다.

특히나 수업 중에 이루어지는 학생들의 모든 활동은 지식 구조가 발달하는 과정[4]을 돕기 위해서 학습한 개념을 개인적으로 이해

---

4. 2부의 스키마의 발달에 관한 내용을 참조하자.

할 수 있는 기회, 주변 학생들과 함께 이해할 수 있는 기회, 다른 개념과 연결시켜 이해할 수 있는 기회를 골고루 포함시켜서 제공해야 할 것이다.

특히 수업 실행의 과정에서 가장 강조하고 싶은 부분은 교사의 **관찰 기회**를 극대화해야 한다는 점이다. 수업시간에 배움의 주체는 학생이다. 따라서 교사가 어떤 노력을 기울여 수업을 제공했든 간에 만약 학생의 실제적인 배움과 무관하다면, 그 수업은 의미 있게 실행되었다고 볼 수 없다.

아울러 우리가 유념해야 할 것이 있다. 바로 교사가 지나치게 수업의 형식과 방법만을 추구하는 것은 학생의 성장에 별다른 도움이 되지 않을 수도 있다는 점이다. 교사는 수업을 진행하기에 앞서 자신이 목표로 하는 수업의 의도에 대해 다시금 생각해봐야 한다. 그리고 학생의 학습 상황을 예상하고 그것을 확인할 수 있는 정보를 어떻게 포착할 것인지를 생각해야 한다. 그러고 나서 이를 어떻게 하면 효율적으로 구현할 수 있는지, 적합한 수업 방법들을 차차 모색해보면 된다.

수업심리학에서 교사가 수업 중 학생들의 활동을 잘 관찰하고, 적절한 피드백을 제공하며, 수업 활동에 대해 교사의 전문적 관점에서 요약해주는 것은 성장의 측면에서 매우 중요하다. 이제부터 각각에 대해 좀 더 자세히 살펴보자.

학생들의 활동,
어떻게 관찰할 것인가?

교사는 수업을 실천하는 과정에서 학생과 학생의 배움과 관련한 수많은 정보들을 수집할 수 있다. 수업 실행의 과정에서 정보를 얻는 방법은 크게 '교사의 관찰'과 '학생 활동지 확인'으로 나누어 볼 수 있다. 교사의 관찰이 수업 중에 일어나는 상황이라면, 학생 활동지 확인은 수업 후에 일어나는 상황이다.

교사의 수업 중 관찰은 어떻게 이루어지는가?

교사는 수업시간에 관찰을 통하여 학생들의 우연한 학습 기회를 포착하고, 이에 대한 적절한 개입과 함께 전문적인 담화의 기술을 발휘해 학생과 소통을 함으로써 학생에 대한 다양한 정보들을 얻을 수 있다. 그러나 앞서 3부의 주목하기에서도 이야기한 바와 같이, 교사에게 관찰이 숙달되지 않으면 단지 수업시간 동안의 학급 전체에 대한 일반적인 인상이나 전체적인 느낌 정도만을 의식하게 될 뿐이다.

하지만 이러한 대략적인 수준의 관찰만으로는 학생의 배움을 일으키는 수업을 이끌어가기에 턱없이 부족하다. 교사는 각 학생의 학습적 사고에 주의를 집중하면서 이를 교사의 수업의도와 연결시킬 수 있어야 한다. 이를 위해서는 의도적인 노력이 필요한데, 예컨대 앞서 설명했던 수업 디자인의 과정에서 학생들의 반응을 예상해보고 대응을 미리 준비하는 것 또한 이러한 노력의 일환이라고 할 수 있다.

교사의 관찰을 통해 학생들에 관한 의미 있는 정보를 얻어내기 위해서는 수업영상 촬영, 음성녹음 등의 방법을 활용할 수도 있지만, 이번 장에서는 수업 실행의 과정 안에서 좀 더 즉각적으로 이루어질 수 있는 정보 수집의 방법을 제안하고 싶었다. 이에 체크리스트와 메모 활용하기를 선택하였다. 이 두 가지 방법을 잘만 활용한다면 학생들과 배움에 관한 의미 있는 정보를 얻어내는 데 분명 도움이 될 것이다.

✓ 체크리스트 활용하기

교사는 수업을 디자인할 때 학생들의 다양한 반응을 예상해보았을 것이다. 이 내용을 정리하면 체크리스트를 만들 수 있다. 체크리스트를 활용하게 되면, 객관적이고 효율적인 방법으로 관찰하고 싶은 내용을 확인할 수 있다.

수업 디자인과 연계하여 작성된 체크리스트의 예는 다음의 표 4-4와 같으며, 관찰 내용과 학생의 수준을 구분하여 기록할 수 있도록 작성하였다. 앞서와 마찬가지로 수학 교과의 함수 수업시간에 활용한 수업 관찰 체크리스트를 예시로 제시한 것이다.

| 표 4-4 | 수업 관찰 체크리스트의 예시

관찰 내용	관찰 결과		
	우수	보통	노력요함
• 함수인 그래프를 모두 찾을 수 있는가?			
• 역함수가 존재하는 그래프를 모두 찾을 수 있는가?			
• 서로 역함수 관계에 있는 함수를 찾을 수 있는가?			
• 항등함수를 찾을 수 있는가?			
• 상수함수를 찾을 수 있는가?			
• 합성 관계인 함수를 찾을 수 있는가?			

수업 중에 체크리스트를 활용하는 것은 교사에게 그때그때 의미 있는 관찰 정보들을 놓치지 않고 확인해볼 수 있다는 측면에서 매우 유용하다. 그러나 수업이 실제로 이루어지다 보면 체크리스트에 미처 담지 못한 다양한 의미 있는 상황들이 속속 나타날 수 있다는 문제가 있다. 이러한 제한점을 극복하기 위해서 체크리스트와 함께 메모의 방법도 함께 활용해볼 것을 권한다.

✓메모 활용하기

인간의 기억력은 유한하다. 아무리 유능한 교사라고 해도 수업시간에 일어난 모든 일들을 빠짐없이 기억하기란 불가능하다. 만약 기록 없이 그저 교사의 기억에만 의존할 경우 훗날 왜곡된 형태로 인출되어 오히려 부정적인 영향을 미치는 경우도 적지 않다.

교사들의 기억 용량 한계를 극복하면서 기억의 왜곡을 최소화하는 데 가장 좋은 방법은 뭐니 뭐니 해도 메모**5**만한 것이 없다. 교사가 수업시간에 관찰한 내용을 **메모**할 때, 교사 개인의 노트를 이용하여 학생들을 관찰한 결과를 기록해둘 수도 있지만, 교사의 관찰 결과를 학생들에게 즉각적으로 피드백하기 위한 방법으로 **포스트잇**을 활용하는 방법을 추천하고 싶다.

적극적으로 학생들을 관찰하기 위해서 교사들은 수업시간에 지속적으로 학생들 사이를 돌아다니게 된다. 그러다 보면 학생들의 아이디어와 학습이나 과제 수행에 있어서의 어려움을 충분히 관찰할 수 있을 것이다. 학생들 사이를 돌아다니다가 주목해야 할 특정한 상황을 포착하게 되면, 즉각적으로 포스트잇에 메모하여 해당 학생의 책상에 붙여놓으면 된다. 이를 통해 학생들은 지속적으로 교사가 제공하는 메모를 볼 수 있으며, 결과적으로 자신의 활동에 대한 **맞춤형 피드백**을 바로 받을 수 있게 된다.

수업을 마치게 되면, 학생들은 각자 받은 포스트잇에 자신의 신상정보를 기재하고, 필요시 메모를 추가하여 교사에게 제출한다. 교사는 이를 확인하고 정리하는 과정을 통하여 수업을 마무리할 수도 있다.

---

5. 메모는 3부에서 언급한 기록하기의 한 유형으로 볼 수 있다.

포스트잇 메모 활용하기 절차. 포스트잇을 활용한 메모는 교사가 학생들에게 그때그때 필요한 맞춤형 피드백을 줄 수 있다는 장점이 있다.

수업 후에는 학생 활동지를 확인한다

수업시간에는 학생들의 다양한 활동들이 이루어진다. 교사는 이러한 활동들이 제대로 이루어졌는지 확인할 필요가 있다. 하지만 학생들의 활동지를 확인하는 것은 수업시간에 즉각적으로 이루어지기보다는, 주로 수업을 종료한 이후 학생들이 작성해놓은 것을 보게 된다.

활동지는 학생들이 교사의 수업 내용을 제대로 이해했는지 알아보는 데 있어 객관적인 자료로서 분석이 가능하지만, 즉각적인 피드백의 제공이 어렵고, 학생이 개념을 이해하는 과정 자체보다는 결과 중심으로만 관찰하게 된다는 측면에서 단점이 있다. 이를 개선하기 위해 학생들이 활동지를 작성하면서 수정사항이 발생할 경우, 지우개나 수정테이프를 사용하지 않고, 두 줄 삭선을 이용하도록 하면 좋다. 따라서 학생들에게 볼펜만 사용하게 할 것을 추천한다. 다음의 그림은 활동지 활용의 이해를 돕기 위해 실제 수학 교과의 수업시간에 활용했던 학생 활동지를 제시한 것이다.

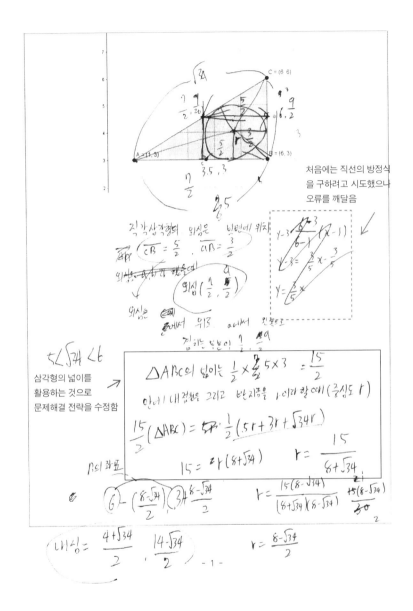

처음에는 직선의 방정식을 구하려고 시도했으나 오류를 깨달음

삼각형의 넓이를 활용하는 것으로 문제해결 전략을 수정함

학생 활동지 사례. 학생 활동지에서 지우개 대신 삭선(削線)하게 하면 배움의 과정에서 어떠한 사고의 변화가 있었는지 확인해볼 수 있다.

앞서 제시한 그림에서 볼 수 있듯이 학생이 삭선을 그은 내용을 살펴보면, 처음에 어떤 오류를 범했는지 확인할 수 있다. 아울러 그것을 어떻게 개선해나갔는지도 함께 파악할 수 있다. 이러한 방식으로 활동지를 확인함으로써 수업을 진행했던 교사는 다음과 같은 의미 있는 관찰기록을 작성할 수 있었다.

이 학생의 경우는 삼각형의 외심을 구하기 위한 전략으로 내심의 정의에 근거하여 각을 이등분하는 직선을 구하고, 두 직선의 교점을 구하여 내심의 좌표를 구하고자 하는 전략을 수행하였다. 각을 이등분하는 직선의 방정식을 구하기 위해서, 각과 마주보는 변의 중점을 지나는 직선의 방정식을 구하였으나, 이 두 점을 지나는 직선이 각의 이등분선을 지나는 직선과 다른 직선임을 인지하고, 해결 전략을 수정하였다. 삼각형의 내심에서 각 변까지의 거리가 일정함을 이용하기 위해서 삼각형의 넓이를 활용하는 전략을 사용하여 문제를 해결하였다.

적절한 피드백, 어떻게 제공할 것인가?

학생은 '배움의 주체'라고 한다. 배움에 있어 주도적 역할을 해야 한다는 뜻일 것이다. 하지만 아무리 배움의 주체라고 해도 자신의 배움이 올바른 방향을 향해서 가고 있는지 오직 스스로의 힘만으로 파악해내기란 거의 불가능하다. 바로 그렇기 때문에 가르침의 주체인 교사의 역할이 무엇보다 중요한 것이다.

교사는 수업 중 학생들을 관찰하면서 학생에 대한 다양한 정보를 얻을 수 있다. 피드백은 교사가 학생의 활동에 대한 평가를 제공하는 모든 행위를 말한다. 즉 학생이 학습목표에 제대로 도달하였는지를 확인하고 지원하는 모든 과정들을 포괄하는 것이다. 수업심리학이 궁극적으로 지향하는 것이 모두의 성장임을 고려할 때, 교수-학습 개선을 위한 정보도 함께 피드백을 해야 한다고 본다.

특히 최근 **과정 중심 평가**가 주목을 받으면서 결과물만이 아닌 수업 중에 지속적으로 수집되고 평가[6]되는 것으로 관점이 변화되고 있다. 교사의 피드백이 학생들에게 효과적으로 제공되려면 '개별적'으로 '즉각적'이며, '구체적'인 내용이 함께 제공되어야 할 것이다. 각각에 대해 좀 더 살펴보면 다음과 같다.

개별적으로 피드백한다

결과물 중심으로 이루어지는 평가(예: 지필평가)에서 제공되는 피

---

6. 평가에 대한 관점은 '점수화되는 평가'와 '점수화되지 않는 평가'로 구분해볼 수 있다. 점수화되는 평가는 양적인 평가를 의미하며, 지필 평가, 쪽지 시험 등이 대표적인 예이다. 그러나 점수화되지 않는 평가도 최근에는 강조되고 있는 추세이다. 과목별 세부능력 특기사항의 작성이 수업과 관련된 대표적인 질적 평가의 사례라고 할 수 있다.

드백은 오직 점수만이 유일하다. 즉 학급별 또는 학년별 평균을 활용하여 다른 학급 또는 다른 학생과 비교해 상대적으로 자신의 위치가 어디쯤인지 그 정도를 파악할 수 있는 수준의 정보만 제공할 수 있을 뿐이다.

하지만 이러한 평가 방식으로는 학생들 개개인의 특성이나 수준을 제대로 반영하기 어렵고, 그들 각자가 앞으로 어떤 노력을 더 추가해야 하는지도 구체적으로 파악하기 어렵다. 특성이나 수준이 매우 다양한 학생들 개개인에게 의미 있는 피드백이 제공되기 위해서는 교사가 수업시간에 관찰한 학생들 각자의 모습에 대한 피드백이 그때그때 의미 있게 제공되어야 한다.

즉각적으로 피드백한다

결과 중심 평가에서 피드백은 거의 채점 후에 제공된다. 이러한 방식의 가장 큰 문제는 학생이 문제를 해결해가는 과정에 교사가 개입할 여지가 차단될 수 있다는 데 있다. 교사가 학생의 배움을 단순히 '잘했다' 또는 '잘못했다'로 평가하는 것보다 훨씬 더 중요한 것은 배움이 일어나는 과정에서 배움의 기회를 잘 포착하여 그때그때 필요한 적절한 도움을 주는 데 있을 것이다. 왜냐하면 이러한 도움을 통해 배움이 더욱 심화되거나 확장되는 등 또 다른 배움의 기회가 만들어질 수 있기 때문이다.

배움의 기회는 시기적절하게 활용되어야 한다. 학생이 문제 상황에 봉착한 순간은 교사가 주목해야 할 매우 중요한 순간이다. 배움이 도약하는 데 있어 매우 중요한 지점이기 때문이다. 학생들은 봉착한 위기를 해결하는 과정에서 한 차원 성장해나갈 수 있다. 하지만 학생 스스로의 능력만으로는 뭔가 부족하므로, 이를 포착한 교사가 즉각적으로 관찰 결과나 도움을 제공한다면 한층 배움을 이끌어낼 수 있다. 따라서 피드백은 필요한 순간에 그때그때 즉각적으로 제공되어야 하는 것이다.

구체적으로 피드백한다

교사가 그저 학생들에게 일반적인 수준, 예컨대 "참 잘했구나!" 또는 "넌 좀 더 보완이 필요할 것 같아…"와 같은 식으로 피드백을 해주면 어느 정도 방향성은 가늠할 수 있을 것이다. 하지만 학생들이 어디에 어떻게 노력을 집중해야 하는지 구체적으로 알 순 없을 것이다. 이러한 피드백은 너무 모호해서 학습에서의 성장과 개선으로 연결되기에는 다소 부족하다.

따라서 학생이 무엇을 잘하였고, 어떤 부분에 대해서 노력을 더 집중할 필요가 있는지 좀 더 명확하게 제시되어야 한다. 즉 학생의 개선과 성장을 위해서는 필요한 내용에 대해서 좀 더 구체적인 피드백이 제공되어야 한다는 뜻이다.

수업 활동의 요약,
정리를 넘어 성찰의 기회로

교사가 준비한 내용을 바탕으로 열심히 수업을 진행하다 보면, 어느새 수업을 마치는 종이 울린다. 그러다 보면 본의 아니게 수업을 허겁지겁 마무리해야 할 때도 있다. 꼭 이러한 경우가 아니라도 의외로 수업시간에 이루어진 다양한 활동들에 대한 요약이나 정리하는 과정을 생략한 채 수업이 그냥 마무리되는 경우가 생각보다 많다.

　하지만 수업을 마치면서 활동한 내용이 제대로 정리되지 않은 채 끝나버리면 자칫 공든 탑이 무너질 수 있다. 왜냐하면 대체 수업시간에 무엇을 배운 것인지를 제대로 머릿속에 정리하지 못한 채 수업이 끝나버리기 때문이다. 배움이 제대로 정리되지 않으면 결국 학생 자신의 것으로 소화되지 못한 채 그냥 스쳐 지나가버릴 가능성이 높아진다. 열심히 준비한 교사와 열심히 수업에 임한 학생 모두에게 참으로 안타까운 일이 아닐 수 없다.

단순한 요약이 아닌 성찰과 반성의 기회 제공

수업심리학에서 수업 활동을 요약한다는 것은 단순히 내용을 요약해서 정리하는 것만을 의미하지 않는다. 수업 활동을 요약하는

수업을 마치기 전에 수업 활동을 요약하는 모습. 수업 활동의 요약은 수업을 마무리하면서 학생들의 배움을 정리해주는 기회 제공의 차원에서 의미가 있다.

궁극적인 목적은 수업시간에 학습한 주요 내용이 강조되면서, 동시에 학생들이 스스로의 활동과 배움을 반성하고 성찰할 수 있는 기회를 마련해주는 데 궁극적인 목적이 있다.

따라서 이러한 기회만 제대로 주어질 수 있다면 수업 활동의 요약은 학생에 의해서 진행되건 교사에 의해서 진행되건 간에 큰 문제가 아닐 것이다. 그렇다면 수업 활동 요약은 구체적으로 어떻게 진행하면 좋을까? 수업 활동을 요약하는 간단한 방법을 제시하면 다음과 같다.

교사와 학생에 의한 수업 활동의 요약

수업을 마무리하기 전에 학생들은 개별적으로 수업에서 학습한 내용과 자신의 생각을 정리하는 시간을 가져본다. 이를 위해서 교사는 "오늘 수업에서 이해한 것이 무엇이니?", "가장 기억에 남는 부분은 무엇이니?" 등과 같은 질문을 던져보면 좋을 것이다.

학생들은 먼저 각자의 생각을 정리한 후에, 조별 또는 모둠별로 이를 논의하고 정리한다. 조별(모둠별) 의견을 정리한 학생은 이를 교실 전체에서 공유하는데, 만약 요약된 내용이 서로 다른 경우에는 서로 질문을 하거나 보충 설명도 주고받을 수 있다.

학생들에 의해서 정리가 충분히 된 경우에 교사는 짧은 요약으로 마무리할 수 있지만, 추가적으로 의미 있는 특정 학생의 사례, 학생들의 논의 속에서 해결되지 못한 질문들에 대한 답변 등을 추가로 제시할 수도 있다.

04
수업 성찰,
반성을 통해 한 걸음 더 나아가다

만약 우리 인간에게 반성하고 성찰하는 능력이 없었다면 과연 오늘날과 같은 눈부신 발전을 이룰 수 있었을까? 과거의 행적을 돌아보며 실수나 잘못된 점은 반성하며 시정하고, 잘한 부분은 더욱 빛나도록 보완함으로써 이를 통해 한층 더 성장할 수 있는 길을 찾아내는 능력, 이것이야말로 우리 인간이 가진 최고의 능력일 것이다. 이는 수업도 마찬가지라고 생각한다.

수업이 종료된 후 성찰의 과정을 거칠 때 교사의 수업은 개선되고, 점점 더 발전해간다. 수업심리학에서 수업을 연구자의 관점에서 분석해보고, 되짚어보는 것은 매우 의미 있는 활동이다.

수업의 성찰이 제대로 이루어지려면 '수업 기록'을 작성하고, 작성된 기록을 기반으로 수업을 '성찰'함으로써 '개선'해야 할 사항을 도출해내는 과정이 필요하다. 의미 있는 수업 성찰[7]을 위해서는 '개인적인 수업 성찰'과 '협력적인 수업 성찰'의 방법을 활용해볼 수 있을 것이다. 개인적인 수업 성찰이 수업을 진행한 교사 혼자서 성찰과 수업 개선을 도모하는 것이라면, 협력적인 수업 성찰은 주변의 도움과 협조를 통하여 이루어지는 것을 말한다. 최근에는 교사학습공동체, 수업 친구 만들기 등을 통하여 협력적인 방식이 지속적으로 활성화되고 있는 추세이다. 이제부터 의미 있는 수업 성찰을 위한 과정을 하나하나 살펴보려 한다.

배움의 과정에 연계해
수업을 기록한다

의미 있는 수업 성찰이 되려면 그저 반성으로만 끝나는 게 아니라 수업 성찰을 통해 이후 교사의 가르침과 학생들의 배움에 도움이 될 수 있는 여러 가지 아이디어를 얻을 수 있어야 할 것이다. 이를 위해 수업 중 학생을 관찰한 내용을 토대로 수집한 정보를 정리하여 기록

---

7. 수업 성찰과 관련해 김태현(2012)은 《교사, 수업에서 나를 만나다》에서 다양하게 이야기한다. 그가 이야기하는 수업 성찰의 유형들은 수업을 보며 성찰하기, 수업 속 신념을 살피며 성찰하기, 수업 속 관계를 살피며 성찰하기, 수업 속 대화를 살피며 성찰하기, 수업 속 내용을 살피며 성찰하기, 수업 친구와 수업 성찰하기, 수다 떨며 수업 성찰하기 등이 있는데, 물론 좀 더 교사의 측면에 집중하고 있지만, 이 속에서도 주목하기나 대화(담화), 관계 등 수업심리학과 관련된 다양한 요소들이 포함되어 있음을 알 수 있다.

하고, 학생들의 활동 결과물을 확인하여 기록해두면 좋다. 말 그대로 수업을 기록하는 것이다. 또한 교사 본인의 수업 전략이나 피드백, 반응 등을 학생들의 활동이나 배움의 과정과 연계하여 주목하게 되었던 상황들을 정리하고 기록할 필요가 있다.

협력적 관찰을 통한 개인적 성찰의 보완

교사가 개인적으로 자신의 수업을 성찰하는 경우에는 교사 자신이 처음 수업을 디자인할 때 담았던 의도가 제대로 구현되었는지, 수업 중에 나타난 학생들의 반응이 교사의 어떤 의도에 의해 이루어진 것인지 등을 정확하게 판단할 수 있을 것이다. 그러나 교사 한 개인의 시각만 반영되다 보니 학생 개개인에 대한 관찰의 밀도가 낮고, 게다가 아무리 냉철하게 접근한다고 해도 스스로를 객관적 시각에서 관찰한다는 게 말처럼 쉬운 일은 아니다.

반면에 다른 교사들과 함께 협력적으로 수업을 성찰하는 경우에는 객관적인 관찰 측면에서 많은 도움을 받을 수 있다. 더 많은 교사들이 참여할수록 관찰하는 밀도는 더욱 높아질 것이다. 아울러 수업을 진행하는 교사에 대해서도 다른 교사의 눈을 통해 객관적인 시각으로 관찰할 수 있다는 점에서 장점이 있다.

그러나 그저 관찰자에 불과한 다른 교사의 눈으로는 원래 그 교사가 어떤 의도로 수업을 디자인한 것인지, 교사 반응의 내적 측면까지는 낱낱이 들여다볼 수 없는 게 현실이다. 따라서 이러한 점을 보완하기 위해 수업을 디자인한 교사와 관찰하는 교사 사이의 충분한 **수업 공감**은 꼭 이루어져야 한다.

교수와 학습,
양쪽 모두를 주목해 관찰한다

거듭 밝히지만 수업시간에 교사의 관찰을 통해 수집되는 다양한 정보들이 그저 정리되고 기록되는 것에 그친다면 아무런 의미가 없을 것이다. 이를 통해 수업에 대한 성찰이 일어나야 한다. 그러나 수업을 성찰하는 활동은 단순히 어느 교사가 수업을 잘하고 못하는 것을 측정하려는 것과는 전혀 다른 활동이다. 그렇기 때문에 수업 성찰은 자유로운 분위기에서 특정 주제들을 중심으로 이루어져야 한다.

특히나 수업을 직접 실천한 교사는 자신의 의도를 다른 교사들도 충분히 파악할 수 있도록 명료하게 정리해서 제공해야 한다. 그리고 필요에 따라서는 교수자가 관찰받고 싶은 부분, 또는 교수자가 생각하는 관찰 중점 등을 직접 정리하여 제공할 수도 있다. 성찰 범위는 다양하게 고려해볼 수 있지만, 이 책에서는 '교수 활동'과 '학습 활동'으로 구분하여 살펴보도록 제안한다.

수업
심리학을
만나다

교수 활동과 학습 활동 모두에 주목한다는 것

교수 활동의 측면에서 수업을 성찰하는 것은 수업의 디자인과 운영에 초점을 맞추어 생각해보는 것이다. 수업 디자인과 관련된 성찰에서는 성취기준을 어떻게 해석했는지, 그것이 수업과 어떻게 연결되어 있는지, 학생 반응에 대한 예상이 잘 이루어졌는지 등에 대해서 살펴봐야 할 것이다. 그리고 수업 운영과 관련된 성찰에서는 수업 중 특정한 상황에 대해서 나타난 학생의 반응을 어떻게 인식 및 해석하였고, 이에 대한 대응은 어떤 의도와 목적을 가지고 있었는지에 대해서 살펴봐야 한다. 교수 활동 측면에서 관찰할 수업 성찰 주제들은 예를 들면 다음과 같은 것들이다.

- 성취기준을 어떻게 해석하였는가?
- 성취기준에 대한 해석을 수업에 어떻게 반영하였는가?
- 학생 반응에 대한 예상이 잘 이루어졌는가?
- (특정 상황에서) 학생의 반응을 어떻게 인식하고 해석하였는가?
- (특정 상황에서) 어떤 의도와 전략으로 대응하였는가?

학습 활동의 측면에서 수업을 성찰하는 것은 학생들의 수업 참여와 성취기준 달성에 초점을 맞추어 생각해보는 것이다. 학생들이 수업에 잘 참여했는지, 성취기준을 달성했다고 판단할 수 있는 근거가 무엇인지, 또는 달성하지 못했다고 판단할 수 있는 근거가 무엇인지 등에 대해서 살펴봐야 한다. 다음은 학습 활동의 측면에서 관찰해야 할 수업 성찰 주제를 정리해본 것이다.

- 학생이 수업에 어떻게 참여하였는가?
- 학생 간에 어떤 소통이 있었는가?
- 학생의 성취기준 달성 근거는 무엇인가?
- 학생이 성취기준을 달성하지 못한 근거는 무엇인가?
- 성취기준을 달성하지 못한 학생들에 대한 대안적 전략은 무엇인가?

성찰이 수업 개선으로
이어지는 선순환 만들기

수업을 성찰하는 시간을 가졌다고 해서 그걸로 끝이 아니다. 성찰이 그저 성찰로만 끝나버린다면 교사의 귀중한 시간과 노력을 투자한 보람이 없을 것이다. 수업에 대한 성찰은 수업 개선과 연결되어야 비로소 의미가 있다.

수업 성찰의 과정을 반복하게 되면, 특정 학급에서 성공적으로 작동되었던 측면은 더욱 강화될 것이고, 잘 작동되지 않은 측면에 대해서는 보완을 하거나 대안적인 전략을 모색해보게 된다. 잠시 다음의 실제 수학교과 수업 성찰 기록에 주목해보자.

고등학교에서는 학생들이 곡선으로 둘러싸인 부분의 넓이를 구하는 적분을 학습하게 된다. 적분의 기본 아이디어는 넓이를 구하고 싶은 곡선으로 둘러싸인 부분을 작은 사각형들로 나누어 채우고, 그 사각형[8]들의 넓이를 구하여 모두 더하는 것이다.[9] 이러한 원리를 학생들이 학습하는 기회를 제공하기 위해서, 다음 그림처럼 삼각형의 밑변과 높이, 그리고 빗변의 곡선으로 둘러싸인 부분의 넓이를 구하는 문제를 제시하였다. 즉 학생들이 "①"의 넓이를 구하기 위해서 이와 같은 방법을 활용할 것으로 예상하였다.

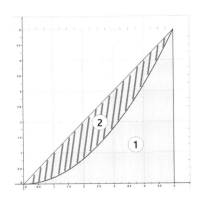

학생들에게 제시된 적분 문제

---

8. 반드시 사각형이어야 하는 것은 아니다. 곡선으로 둘러싸인 부분의 넓이를 구하기 위해서 삼각형이나 사각형 등 넓이를 구할 수 있는 작은 도형들로 최대한 조밀하게 채우고, 각각의 넓이들을 구해서 더하는 것이 적분의 원리이다.

9. 이를 구분구적법이라고 한다.

그러나 수업에서 학생들은 예상하지 못했던 반응을 보였다. 학생들은 ②를 원의 일부분으로 가정하고, 삼각형의 넓이에서 ②의 넓이를 빼내어서 ①의 넓이를 구하였다. 이는 수업을 디자인하면서 의도한 바와 다른 것이었다. 구분구적법에서 가장 중요하게 생각해야 하는 아이디어는 넓이를 구하고자 하는 영역을 작은 조각으로 나누어서 넓이를 구하는 것이다. 이에 다음 수업에서는 학생들에게 격자 모양(그물 모양)을 OHP 필름에 인쇄하여 나누어주었고, 학생들은 작은 격자들을 직접 세어보며 넓이를 구하기 위해 노력하였을 뿐만 아니라, 곡선 부분의 오차를 최소화시키기 위해서 삼각형을 이용하는 학생도 있었다.

이상의 성찰 기록을 살펴보면 실제 수업을 진행하는 과정에서 교사가 수업을 디자인했을 때에는 미처 예상하지 못했던 학생들의 반응이 나왔다는 것을 알 수 있다. 즉 교사가 의도했던 방향으로 배움이 일어나지 않았던 것이다. 이를 확인해 다음 수업시간에 이를 보완하는 자료를 준비했고, 문제점을 해결할 수 있었다.

물론 수업 개선이라는 것이 단순히 기존 수업을 내용적으로 보완하는 것만을 의미하지는 않는다. 개개 학생에 대한 정보가 누적되면서 학생과의 관계에 대한 개선이 이루어지기도 하고, 또 때로는 수업 방법이나 기술에서 개선이 이루어지기도 한다.

이는 수업을 통해 교사와 수업에 대한 정보를 쌓아가는 학생의 입장에서도 마찬가지일 것이다. 교사와 수업에 대한 정보가 쌓일

수록 학생들도 수업 질서를 지키는 것이나, 수업 참여 태도에 있어서 한층 더 성숙하고 발전된 모습을 보이게 될 것이다.

오늘보다 더 나은 수업을 위한 한 걸음

처음부터 수업 전문가로서 완성된 교사는 없다. 아무리 오랜 시간 경험을 쌓아온 능력 있는 교사라고 해도, 완벽한 수업을 기획하고 전개한다는 것은 불가능하다. 사실 완벽한 수업이란 어쩌면 존재할 수 없는 허상인지도 모른다. 또한 온갖 변수들이 서로서로 영향을 미치는 살아 있는 수업에 정답 같은 건 더더욱 존재할 수 없다.

다만 확실히 이야기할 수 있는 것은 수업심리학에서 말하는 학생 개개인의 내면에 관심을 기울이는 노력을 통해 오늘보다 내일 더 나은 수업을 할 수 있다는 점이다. 그것은 단지 평균적인 기준에 비추어볼 때 좋은 수업을 의미하는 것이 아니다. 그보다는 현재 교사 각자가 처해 있는 여러 가지 상황과 가르치는 학생들의 조건에 딱 부합하는 의미 있는 수업을 말한다.

수업은 반성과 실천의 연속적인 상황 속에서 발전하게 된다. 이는 특정 주체나 내용 영역에 한정되는 것이 아니며, 수업과 관련된 다양한 것들이 통합적인 형태로 발전하게 된다. 이 책에서 이야기한 내용들이 여러분의 수업을 오늘보다 내일 더 나아지도록 하는 데 조금이나마 도움을 줄 수 있다면 더없이 기쁠 것이다.

4부를 마치며

수업심리학 기반의 수업 실천 과정이란 수업에서 모든 학생의 성장에 초점을 맞춘 교사의 노력 과정 전체를 의미합니다. 이는 수업이 '디자인-실행-성찰'되는 모든 과정 안에서 발전되는 연속적이고 순환적인 체계이며, 학생의 심리적 특성, 지식 구조가 발전하는 특성에 대한 교사의 이해를 기반으로 합니다.

우선 **수업 디자인의 단계**에서는 교육과정을 이해하고 성취기준을 분석하여 세부 성취기준을 설정할 수 있어야 합니다. 또한 이를 기반으로 학생들을 수업 활동에 참여시킬 수 있는 과제를 설계하고, 학생의 반응을 예상해봄으로써 수업 실행에서 나타날 수 있는 상황들을 다양하게 준비합니다. 이를 위해서 교사는 교육과정을 제대로 읽어내는 문해력과 교육과정 재구성 그리고 개념에 대한 발생적 분해의 능력이 요구됩니다.

수업 실행의 단계에서는 학생의 활동을 관찰하면서 학생에게 학습의 기회가 될 수 있는 상황을 포착하고, 즉각적이고 개별적인 피드백을 제공함으로써 학생의 학습과 성장을 촉진시킬 수 있어야 합니다. 그리고 수업을 마치기 전에 수업 활동을 요약해줌으로써 학생들에게도 반성과 성찰의 기회를 제공해야 합니다. 이를 위해 교사는 주목하기와 교사의 담화에 대한 전문성을 충분히 훈련할 필요가 있습니다.

 수업 성찰의 단계에서는 수업 실행에서 수집된 정보들을 정리하고 기록하여 이를 기반으로 수업을 성찰해야 합니다. 다만 수업 성찰은 교사의 수업 능력을 측정하려는 목적이 아니며, 수업이 교사의 의도대로 명확하게 구현되었는지를 직면하는 과정이 되어야 할 것입니다. 이 모든 과정은 결국 수업의 개선과 자연스럽게 연결됩니다. 이를 위해서 교사는 수업 상황에서 학생뿐만 아니라 자신의 교수에 대한 주목하기도 가능해야 하며, 수집된 자료를 기반으로 개선과 발전을 추구하는 실행연구 능력도 갖추어야 합니다.

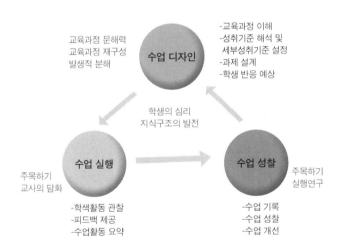

수업 실천의 체계. 수업심리학을 기반으로 수업을 디자인-실행-성찰하는 연속적 체계 속에서 가르침과 배움은 더욱 성장해나갈 것이다.

수업심리학은
모든 학생의 성장을 추구한다

교사의 가르침이 학생의 성장으로 이어지지 않는 수업은 진정 의미 있는 수업이라 할 수 없다. 교사는 단지 학생이 수업 활동에 적극적으로 참여하도록 설계하는 역할에 그치지 아니하고, 그러한 활동이 배움으로 이어지도록 해야 할 것이다. 그러려면 무엇보다 학생 각자에 대한 이해가 우선되어야 한다. 이를 통해 가르침과 배움의 간극을 줄이는 것, 수업심리학은 바로 그 이야기를 하고 싶은 것이다.

필자 개인적으로 교육에 있어서 가장 중요한 키워드는 **모든 학생의 성장 추구**라고 생각합니다. 최근 공교육에 대한 불신은 학교 구성원들의 의욕을 땅바닥으로 떨어뜨리고, 맥이 탁 풀려버릴 만큼 극심한 지경에 이르렀습니다. 물론 오랜 세월 우리 교육이 조장해온 극심한 경쟁이 과열된 상태에 놓여 있는 지금, 학교 내에서 발생하고 있는 비교육적인 상황들은 어쩌면 불가피한 것인지도 모르겠습니다.

그렇다고 해서 한계를 인정하고 그냥 주저앉는 것은 교육 불신을 해소하는 데에 아무런 도움도 되지 않을 것입니다. 특히, 과잉 경쟁에서 소외된 학생들이 자라서 성인이 되면, 과연 교육을 신뢰할 수 있을까요? 혹시 지금보다 더 악화되지는 않을까요? 공교육 신뢰 회복을 위해 우리 교사들이 가장 먼저 실천해야 하는 것은 바로 교육에서 소외되는 학생이 없도록 하는 것입니다. 바로 이것이 수업심리학의 본질이자 학생 중심 수업의 본질입니다. 학교 교육이 모든 학생의 성장을 추구하는 방향으로 거듭나기를 바라는 마음으로 필자는 이 책의 집필을 시작하게 되었습니다.

수업심리학이 우리 교사들에게 주는 시사점

수업심리학은 진정한 '학생 중심 수업을 실현하기 위해서 과연 교사는 무엇을 해야 하는가?'에 대한 길을 제시해준다는 점에서 큰 의미가 있습니다. 상황이 복잡하게 얽히고설켜 문제가 어려울수록 우리는 오직 눈앞의 문제만을 해결하는 데 매달리게 됩니다. 하지만 그럴수록 본질적인 문제가 무엇인지 고민해볼 필요가 있습니다. 그저 발등에 떨어진 불이나 끄고 보자는 '언 발에 오줌누기'식의 문제해결은 장기적으로 볼 때 더 큰 문제만 불러올 수도 있습니다. 오히려 본질적인 것으로 접근하다 보면 복잡하고 어려운 상황도 단순화되어 예상보다 쉽게 해결될 수 있습니다.

이러한 측면에서 볼 때 교사들이 수업심리학적인 관점에서 가르침과 배움에 접근한다는 것은 교육에서의 본질적인 문제들을 해결하는 데 많은 도움을 줄 수 있다고 생각합니다. 사실 학생 중심 수입을 시작하는 것은 특별한 방법이나 기술을 배우는 데서 시작하는 것이 아니라고 생각합니다. 교사가 어떤 수업 방법이나 기술을 사용하든 간에 가장 먼저 주목해야 할 것은 바로 **학생**입니다. 그래야 비로소 학생이 배움의 주체가 되는 수업을 실천할 수 있기 때문이지요.

수업의 기술적 측면도 중요하지만, 훨씬 더 중요한 것은?

이 책에서 주장하고자 하는 바는 비교적 단순합니다. 학생의 성장을 추구하면서, 학생의 활동에 주목해 배움의 기회를 놓치지 않는 의미 있는 수업을 만들기 위해서는 교사에게 많은 노력이 요구되는데, 특히 학생의 내면, 즉 심리적인 측면에서의 이해가 선행되어야 한다는 것입니다. 이에 따라서 교사의 접근도 지나치게 수업의 내용이나 기술적 측면에만 매달리기보다는 심리적인 관점에서 고려해볼 필요가 있습니다.

그러나 비교적 단순한 주장을 설명하기 위해서 때때로 이 책의 서술은 어려워졌고, 경우에 따라서는 다소 딱딱한 이론적인 내용도 배제할 수 없었습니다. 그럼에도 불구하고 최대한 이해하기 쉽고, 또 뜬구름 잡는 내용이 아닌 실천에 기반을 두고 교사들에게 실질적인 도움을 줄 수 있는 내용들을 담기 위해 노력했습니다.

개인적으로는 교사가 수업과 학생에 대한 전문가로서 충분히 인정받아야 한다고 생각합니다. 꼭 교사의 입장에서 생각해서 그런 것이 아니라, 앞으로의 학교나 교육 문제는 현장과 동떨어져 있는 연구자나 행정가에 의해서가 아니라 현장에서 직접 교육을 담당하고 있는 교사 자신들의 연구와 노력으로 해결되어야 한다고 생각하기 때문입니다.

그러나 교사가 전문가 집단으로서 인정을 받기 위해서는 일정한 형식과 논리적인 근거를 갖출 필요가 있습니다. 외부적으로 볼 때, 단지 교사 개인의 경험과 실천만으로 전문성을 인정받기에는 분명 한계가 있으니까요. 따라서 교사의 경험과 실천을 전문적인 지식과 연결시켜야 할 필요가 있었습니다. 그래서 이 책을 구상하고 집필하는 과정에서 교사들이 수업에서 실천해야 하는 내용들을 이론과 연결시키기 위해서 나름대로 노력했다고 자부합니다.

물론 이 책이 수업심리학을 완벽하게 다루고 이해한 책이라고는 볼 순 없습니다. 다만 그동안의 전통적인 관점에서 기술한 학문 중심의 심리학적 내용들은 최대한 배제시키고, 실제 수업을 준비하고 진행함에 있어 훨씬 더 실천적인 관점에서 수업심리학을 바라보도록 새로운 문을 열었다고 생각합니다.

교수-학습에서 가장 중요한 20가지 심리 원칙

마지막으로 미국심리학회$^{American Psychological Association,}$ (2015)에서는 교수-학습과 관련하여 심리학에서 가장 중요한 원칙을 20가지로 소개한 바 있습니다. 이 20가지 원칙들은 학생의 학습과 동기, 학습

맥락, 교사의 평가 등에 대한 내용을 담고 있습니다.

사실 필자가 이 원칙들을 알게 된 것은 이 책의 집필이 거의 완료된 시점이었는데, 공교롭게도 원칙들 중 상당수는 이 책에서도 이미 가정하고 있거나, 설명하고 있는 내용입니다. 이러한 심리학적 관점을 바탕으로 한다면 진정 의미 있는 학생 중심 수업을 만들어가는 데 교사 여러분에게 도움을 줄 것으로 기대하며, 끝으로 이 20가지 원칙[10]들을 요약하는 것으로 이 책을 마무리하려 합니다.

원칙 1 지능과 능력에 대한 학생의 지각이나 믿음이 인지적 기능과 학습에 영향을 미친다.

원칙 2 학생이 이미 알고 있는 것이 학습에 영향을 미친다.

원칙 3 학생의 인지발달과 학습은 일반적 발달 단계에 제한을 받지 않는다.

원칙 4 학습은 맥락에 기반을 두고 있으므로, 새로운 맥락에 학습을 일반화하는 것은 저절로 이루어지는 것이 아니라 촉진되어져야 한다.

원칙 5 장기 지식과 기술을 습득하는 것은 거의 연습에 달려 있다.

원칙 6 명료하고 타당하며 시의적절한 피드백은 학생이 학습하는 데 중요하다.

---

10. 만약 이에 관한 좀 더 자세한 내용이 궁금한 독자들은 다음의 문헌을 확인해보기 바란다. American Psychological Association, Coalition for Psychology in Schools and Education. (2015). *Top 20 principles from psychology for prek-2 teaching and learning.*

원칙 7 학생의 자기 조절은 학습에 도움이 되고, 자기 조절 기술은 학습될 수 있다.

원칙 8 학생의 창의성은 향상될 수 있다.

원칙 9 학생들은 외적 동기보다 내적 동기가 있을 때 학습을 더 즐기고 잘하는 경향이 있다.

원칙 10 학생들은 수행목표보다 숙달목표를 가졌을 때 도전적 과제에 대하여 더 끈기를 갖고 정보를 깊게 처리한다.

원칙 11 학생에 대한 교사의 기대는 학생의 학습 기회와 동기는 물론, 결과에까지 영향을 미친다.

원칙 12 구체적이고 적당한 난이도의 단기(가까운) 목표를 세우는 것이, 일반적이고 지나치게 어려운 난이도의 장기(먼) 과제보다 학습동기를 증진시킨다.

원칙 13 학습은 복합적인 사회적 환경 속에서 일어난다.

원칙 14 대인관계 및 의사소통은 교수-학습 과정과 학생의 사회-정서적 발달 모두에 중요하다.

원칙 15 정서적 웰빙은 교육적 수행과 학습 및 발달에 영향을 미친다.

원칙 16 바람직한 학급행동과 사회적 상호작용은 학습되는 것으로, 증명된 행동원칙의 사용과 효과적 교실수업을 통해 가르칠 수 있다.

원칙 17 효과적 학급 운영은 다음을 기반으로 한다.

(a)높은 기대 수준의 설정과 의사소통

(b) 긍정적 관계의 지속적 육성

(c) 높은 수준의 학생 지원 제공

원칙 18 형성평가와 총괄평가 모두 중요하고 유용하지만, 서로 다른 접근법과 해석이 필요하다.

원칙 19 학생의 기술, 지식 그리고 능력은 질과 공정성이 잘 정의된 기준을 가진 심리학에 기반을 둔 평가 과정을 통해 가장 잘 측정될 수 있다.

원칙 20 평가 자료를 이해하는 것은 명확하고 적절하며 공정한 해석에 달려 있다.

각 교과별
역량요소와 세부내용

바른 생활, 슬기로운 생활, 즐거운 생활, 실과, 한문, 환경, 국어, 수학 등 교육부에서 제시한 각 교과별 역량 요소와 그에 대한 세부 내용을 한눈에 확인할 수 있도록 부록으로 따로 정리하였습니다. 역량 중심 교육과정 재구성에 참고 자료가 되기를 바랍니다.

교과별 역량 요소와 의미[*]

'바른 생활'과의 역량

역량요소	세부내용
공동체 역량	가족, 학교, 지역사회, 국가의 구성원으로서 요구되는 가치와 태도를 받아들이고 공동체의 일원으로 주변 사람들과 원만한 관계를 형성·유지하고, 상호작용할 수 있는 능력
자기관리 역량	일상생활을 하는 데 필요한 기본 생활 습관 및 기본 학습 습관을 형성함으로써 변화하는 사회에 유연하게 적응하며 살아갈 수 있는 능력
의사소통 역량	가족, 학교, 지역사회 구성원들의 의사를 이해하고 소통하며, 자신의 생각을 알고 상황에 맞게 효과적으로 표현할 수 있는 능력

'슬기로운 생활'과의 역량

역량요소	세부내용
창의적 사고 역량	주변에 관심을 갖고 다양한 현상과 관련지어 창의적으로 생각할 수 있는 능력
지식정보 처리 역량	주변에 관심을 갖고 여러 가지 자료를 수집, 분류, 이해할 수 있는 능력
의사소통 역량	주변을 탐구하는 과정에서 다른 사람들과 의견을 나누고, 그 결과를 공유할 수 있는 능력

---

[*]. Part 2의 02 참고문헌인 교육부(2015b), 교육부(2015c), 교육부(2015d)에서 정리한 내용입니다.

'즐거운 생활'과의 역량

역량요소	세부내용
심미적 감성	일상생활에서 아름다움과 즐거움을 느끼고, 여러 가지 자료와 매체, 도구 등을 사용하여 소리와 이미지, 움직임 등에 대해 다양한 감각을 발달시키는 능력
창의적 사고	주변의 대상과 현상, 문화 등에 대해 창의적으로 생각하고 소리, 이미지, 움직임 등에 대한 자신의 생각과 느낌을 새롭고 융합적으로 표현할 수 있는 능력
의사소통	소리, 이미지, 움직임 등을 활용하여 자신의 생각과 느낌을 표현하고 타인의 표현을 이해하며 서로 소통할 수 있는 능력

실과의 역량

역량요소	세부내용
실천적 문제해결 능력	일상생활 속에서 발생될 수 있는 다양한 문제에 대하여 그 배경을 이해하고 문제해결의 대안을 탐색한 후, 비판적 사고를 통한 추론과 가치 판단에 따른 의사결정으로 실행할 수 있는 능력
생활자립 능력	삶의 주체로서 자신의 발달 과정에서 자아정체감을 형성하여 일상생활의 문제를 스스로 판단 · 수행할 수 있으며, 주도적인 관점에서 자기관리 및 생애를 설계할 수 있는 능력
관계형성 능력	대상과의 관계를 소중히 여기고, 존중과 공감, 배려와 돌봄을 통해 공동체 감수성을 함양하여 자신과 가족, 친구, 지역사회, 자원, 환경과의 건강한 상호작용과 관계를 형성 · 유지할 수 있는 능력

한문과의 역량

역량요소	세부내용
의사소통 능력	한자와 한문 자료 및 언어생활에서 사용되는 한자 어휘를 활용하여 생각과 감정 등을 효과적으로 표현하고 이해하며 소통하는 능력
정보처리 능력	한자와 한문 자료 및 언어생활에서 사용되는 한자 어휘 자료에서 다양한 정보와 자료를 수집·분석하여 그 의미를 평가·선택하고, 이를 효과적으로 처리하여 활용하는 능력
창의적 사고 능력	한자와 한문 자료에 담겨 있는 다양한 영역의 폭넓은 지식과 한문에 대한 기초적인 소양을 바탕으로 새롭고 독창적인 아이디어를 산출해내고, 다양한 분야의 지식, 기술, 경험을 융합적으로 활용할 수 있는 능력
인성 역량	한문 기록에 담긴 선인들의 삶과 지혜를 이해하여 자신의 삶에 필요한 기초적 능력과 자질을 지속적으로 계발·관리함으로써, 변화하는 사회에 유연하게 적응하며 살아갈 수 있는 능력 한문 기록에 담긴 전통문화를 바르게 이해하고 창조적으로 계승·발전시키며, 한자문화권의 문화에 대한 기초적인 지식을 익혀 한자문화권 내에서의 상호 이해와 교류 증진에 기여하려는 태도를 수용·실천함으로써, 공동체의 문제해결 및 발전을 위해 자신의 역할과 책임을 다하는 능력
심미적 감성	다양한 유형의 한문 고전 작품이 지닌 아름다움과 가치를 향유함으로써 삶의 질과 행복을 창출할 수 있는 능력

환경과의 역량

역량요소	세부내용
환경 감수성	환경의 변화에 민감하게 반응하며, 환경의 아름다움이나 고통에 대해 감정을 이입하거나 공감하는 능력
환경 공동체 의식	지구 공동체의 구성원으로서 요구되는 환경적 가치와 태도를 함양·실천하고, 지구 공동체 구성원들과 원만한 관계를 형성 및 유지하며 자신의 역할과 책임을 다하는 능력

성찰· 통찰력	다양한 지식과 가치에 대한 반성적·통합적 사고를 통해 자신의 가치관과 행위가 자신, 타인, 자연의 원칙에 맞는지 지속적·의도적으로 생각하는 능력
창의적 문제해결력	다양한 지식과 정보를 바탕으로 환경 문제에 대해 다양하고 효과적 대안을 제시하고, 최선의 대안을 선택·적용할 수 있는 능력
의사소통 및 갈등해결	언어, 상징, 텍스트, 매체를 활용하여 자신과 타인의 생각과 감정을 효율적으로 소통하고, 갈등 상황을 둘러싼 이해관계자들의 요구를 고려하여 의견을 조정하는 능력
환경정보 활용	환경 문제해결을 위해 다양한 정보와 자료를 수집·분석·평가하고 도구나 매체를 효과적으로 활용하는 능력

'국어과'의 역량

역량요소	세부내용
비판적· 창의적 사고	다양한 상황이나 자료, 담화, 글을 주체적인 관점에서 해석하고 평가하여 새롭고 독창적인 의미를 부여하거나 만드는 능력
자료· 정보활용	필요한 자료나 정보를 수집·분석·평가하고 이를 효과적으로 활용하여 의사를 결정하거나 문제를 해결하는 능력
의사소통	음성 언어, 문자 언어, 기호와 매체 등을 활용하여 생각과 느낌, 경험을 표현하거나 이해하면서 의미를 구성하고 자아와 타인, 세계의 관계를 점검·조정하는 능력
공동체· 대인관계	공동체의 가치와 공동체 구성원의 다양성을 존중하고 상호 협력하며 관계를 맺고 갈등을 조정하는 능력
문화 향유	국어로 형성·계승되는 다양한 문화를 이해하고 그 아름다움과 가치를 내면화하여 수준 높은 문화를 향유·생산하는 능력

| 자기성찰·계발 | 삶의 가치와 의미를 끊임없이 반성하고 탐색하며 변화하는 사회에서 필요한 재능과 자질을 계발하고 관리하는 능력 |

'수학과'의 역량

역량요소	세부내용
문제해결	해결 방법을 알고 있지 않은 문제 상황에서 수학의 지식과 기능을 활용하여 해결 전략을 탐색하고 최적의 해결 방안을 선택하여 주어진 문제를 해결하는 능력
추론	수학적 사실을 추측하고 논리적으로 분석하고 정당화하며 그 과정을 반성하는 능력
창의·융합	수학의 지식과 기능을 토대로 새롭고 의미 있는 아이디어를 다양하고 풍부하게 산출하고 정교화하며, 여러 수학적 지식, 기능, 경험을 연결하거나 타 교과나 실생활의 지식, 기능, 경험을 수학과 연결·융합하여 새로운 지식, 기능, 경험을 생성하고 문제를 해결하는 능력
의사소통	수학 지식이나 아이디어, 수학적 활동의 결과, 문제해결 과정, 신념과 태도 등을 말이나 글, 그림, 기호로 표현하고 다른 사람의 아이디어를 이해하는 능력
정보처리	다양한 자료와 정보를 수집, 정리, 분석, 활용하고 적절한 공학적 도구나 교구를 선택, 이용하여 자료와 정보를 효과적으로 처리하는 능력
태도 및 실천	수학의 가치를 인식하고 자주적 수학 학습 태도와 민주시민의식을 갖추어 실천하는 능력

'과학과'의 역량

역량요소	세부내용
과학적 사고	과학적 주장과 증거의 관계를 탐색하는 과정에서 필요한 사고 * 합리적이고 논리적으로 추론하는 능력 * 추리 과정과 논증에 대해 비판적으로 고찰하는 능력 * 다양하고 독창적인 아이디어를 산출하는 능력
과학적 탐구	과학적 문제해결을 위해 실험, 조사, 토론 등 다양한 방법으로 증거를 수집, 해석, 평가하여 새로운 과학 지식을 얻거나 의미를 구성해가는 능력 * 과학 탐구 기능과 지식을 통합하여 적용하고 활용하는 능력
과학적 문제해결	과학적 지식과 과학적 사고를 활용하여 개인적 혹은 공적 문제를 해결하는 능력 * 문제해결 과정에 대한 반성적 사고 능력 * 문제해결 과정에서의 합리적 의사결정 능력
과학적 의사소통	과학적 문제해결 과정과 결과를 공동체 내에서 공유하고 발전시키기 위해 자신의 생각을 주장하고 타인의 생각을 이해하며 조정하는 능력 * 과학기술 정보를 이해하고 표현하는 능력 * 증거에 근거하여 논증 활동을 하는 능력
과학적 참여와 평생학습	사회에서 공동체의 일원으로 합리적이고 책임 있게 행동하기 위해 과학기술의 사회적 문제에 대한 관심을 가지고 의사결정 과정에 참여하며 새로운 과학기술 환경에 적응하기 위해 스스로 지속적으로 학습해나가는 능력

'음악과'의 역량

역량요소	세부내용
음악적 감성	음악이 가지고 있는 아름다움, 특징 및 가치를 개방적 태도로 수용하고 이해하며, 깊이 있는 성찰과 상상력을 발휘하여 삶의 질을 향상시키고 행복을 창출할 수 있는 역량
음악적 창의·융합 사고	음악 분야의 전문지식과 소양을 토대로 새롭고 독창적인 아이디어를 산출해내고, 자신이 학습하거나 경험한 음악 정보들을 다양한 현상에 융합적으로 활용할 수 있는 역량
음악적 소통	소리, 음악적 상징, 신체 등을 활용하여 자신의 생각과 느낌을 음악적으로 표현하고, 타인의 음악적 표현을 이해하고 공감하여 효율적으로 소통하고 조정할 수 있는 역량
문화적 공동체	음악을 통해 우리 문화의 전통과 세계의 다양한 문화를 이해함으로써 지역, 국가, 세계 공동체의 구성원으로서 요구되는 다양한 가치와 문화를 수용하고, 공동체의 문제해결 및 발전을 위해 자신의 역할과 책임을 다할 수 있는 역량
음악 정보처리	음악과 관련된 다양한 정보와 자료를 수집, 분석, 분류, 평가, 조작함으로써 정보와 자료에 내재된 의미를 올바르게 파악하고, 적절한 매체를 활용하여 정보와 자료를 효과적으로 처리함으로써 생활의 다양한 문제를 합리적으로 해결할 수 있는 역량
자기관리	음악적 표현과 감상 활동, 음악을 생활화하는 태도를 바탕으로 표현력과 감수성을 길러 자아 정체성을 형성하고, 자기 주도적으로 음악을 학습하고 그 과정을 관리함으로써 음악적으로 풍요로운 삶을 유지해나갈 수 있는 역량

'미술과'의 역량

역량요소	세부내용
미적 감수성	다양한 대상 및 현상에 대한 지각을 통해 자신의 느낌과 생각을 이해하고 표현하며 미적 경험에 반응하면서 미적 가치를 느끼고 내면화할 수 있는 능력
시각적 소통	변화하는 시각 문화 속에서 이미지와 정보, 시각 매체를 이해하고 비판적으로 해석하며, 이를 활용한 미술 활동을 통해 소통할 수 있는 능력
창의·융합	자신의 느낌과 생각을 다양한 매체를 활용하여 창의적으로 표현하고 미술 활동 과정에 타 분야의 지식, 기술, 경험 등을 연계, 융합하여 새로운 가능성을 발견할 수 있는 능력
미술 문화 이해	우리 미술 문화에 대한 이해를 바탕으로 정체성을 확립하고, 유연하고 개방적인 태도로 세계 미술 문화의 다원적 가치를 이해하고 존중하며 공동체의 발전에 참여할 수 있는 능력
자기 주도적 미술 학습	미술 활동에 자발적이고 주도적으로 참여하면서 자기를 계발·성찰하며, 그 과정에서 타인의 생각과 느낌을 이해하고 존중·배려하며 협력할 수 있는 능력

'사회과'의 역량

역량요소	세부내용
창의적 사고력	새롭고 가치 있는 아이디어를 생성하는 능력
비판적 사고력	사태를 분석적으로 평가하는 능력

문제해결력 및 의사결정력	다양한 사회적 문제를 해결하기 위해 합리적으로 결정하는 능력
의사소통 및 협업 능력	자신의 견해를 분명하게 표현하고 타인과 효과적으로 상호작용하는 능력
정보활용 능력	다양한 자료와 테크놀로지를 활용하여 정보를 수집, 해석, 활용, 창조할 수 있는 능력

'도덕과'의 역량

역량요소	세부내용
자기존중 및 관리	자신을 존중하고 사랑하는 토대 위에서 자주적인 삶을 살고 자신의 욕구나 감정을 조절하며 이겨낼 수 있는 능력
도덕적 사고	일상의 문제를 도덕적으로 인식하고 도덕적 판단 및 추론의 탐구 과정을 거쳐 타당한 근거를 가지고 옳고 그름을 분별할 수 있는 능력
도덕적 정서	의사소통 과정에서 타인의 도덕적 요구 인식 및 수용과 이상적인 의사소통 공동체를 지향하면서 타인과 더불어 살아갈 수 있는 능력
도덕적 공동체 의식	도덕규범과 정서 및 유대감을 근간으로 자신이 속한 다양한 공동체의 구성원으로서 소속감을 갖고 살아갈 수 있는 능력
윤리적 성찰 및 실천 성향	일상세계에서 자신의 삶을 윤리적으로 성찰하는 토대 위에서 도덕적 가치와 규범을 지속적으로 실천할 수 있는 능력

'영어과'의 역량

역량요소	세부내용
영어 의사소통	일상생활 및 다양한 상황에서 영어로 의사소통을 할 수 있는 역량 * 영어이해 능력 * 영어표현 능력
자기관리	영어에 대한 흥미와 관심을 바탕으로 학습자가 자기주도적으로 영어 학습을 지속할 수 있는 역량 * 영어에 대한 흥미 * 영어 학습 동기 * 영어 능력에 대한 자신감 유지 * 학습 전략 * 자기관리 및 평가
공동체	지역·국가·세계 공동체의 구성원으로서의 가치와 태도를 공유하여 공동체의 삶에 관심을 갖고 공동체가 당면하고 있는 문제를 해결하는 데 참여할 수 있는 능력 * 배려와 관용 * 대인관계 능력 * 문화 정체성, 언어 및 문화적 다양성에 대한 이해 및 포용 능력
지식 정보처리	지식정보화 사회에서 영어로 표현된 정보를 적절하게 활용하는 역량 * 정보 수집·분석 능력 * 매체활용 능력 * 정보 윤리

'체육과'의 역량

역량요소	세부내용
건강 관리	신체 건강과 체력 증진, 여가 선용 등의 건강한 생활습관 형성을 도모하고, 건전한 사회와 안전한 환경을 구성, 유지할 수 있는 합리적 사고와 태도를 배양할 수 있는 능력
신체 수련	자신의 신체적 수준을 이해하고 받아들이면서도 지속적이고 적극적인 신체 수련 노력을 통해 새로운 목표를 달성할 수 있는 능력

경기 수행	게임, 스포츠 등 유희적 본능을 바탕으로 하는 경쟁 상황에서 적합한 전략과 기능을 발휘하여 개인 혹은 공동의 목표 달성을 위해 상호작용할 수 있는 능력
신체 표현	신체와 움직임을 매개로 하여 생각과 느낌을 표현하고 수용하는 능력

수업
심리학을
만나다

참고문헌

| part 01 | 교사, 왜 수업심리학과 만나야 하는가?

01

교육부(2015d), "고등학교 교육과정", 교육부 고시 제2018-150호 [별책 4].

김혁동·윤상준·이동배·임재일·주주자·최경철·황현정(2017), 《교사학습공동
체》, 서울: 즐거운학교.

손승남(2005), "교사의 수업 전문성 관점에서 본 교사교육의 발전방향", 〈한국교
원교육연구〉, 22(1), 89-108.

이민경(2014), "거꾸로교실의 교육사회학적 의미분석: 참여교사들의 내러티브를
중심으로", 〈교육사회학연구〉, 24(2), 181-207.

정성수·서공주·김경원(2017), "전국 시·도교육연수원의 교원연수과정 실태 분
석", 〈한국교원교육연구〉, 34(3), 29-51.

허수미(2013), "'좋은 수업'의 의미 탐색과 수업 전문성 평가준거로서의 활용 방
안- 사회과 수업을 중심으로-", 〈사회과교육연구〉, 20(4), 129-149.

02

김청자(2009), 《교육심리학의 이해》, 서울: 동문사.

임창재(2010), 《수업심리학-실기교육방법론(개정 2판)》, 서울: 학지사.

장성화·이인학·이기영·최상열·신성철(2014), 《수업심리학(2판)》, 서울: 학지사.

| part 02 | 수업심리학, 학생 중심 수업의 기초를 세우다

01

권건일·송경애(2006), 《교육학개론》, 파주: 양서원.

이경화·고진영·최병연·정미경·박숙희(2008), 《효과적인 교수-학습을 위한 교

육심리학》, 서울: 교육과학사.

장성화·이인학·이기영·최상열·신성철(2014), 《수업심리학(2판)》, 서울: 학지사.

조용환(1997), 《사회화와 교육 : 부족사회 문화전승 과정의 교육학적 재검토》, 서울: 교육과학사.

황혜정(2007), 《수학교육학신론》, 서울: 문음사.

Arnon, I., Cottril, J., Dubinsky, E., Oktac, A., Fuentes, S. R., Trigueros, M., & Weller, K. (2013), *APOS theory: A framework for research and curriculum development in mathematics education,* New York, NY: Springer.

Hwang, N., M.(2017), Immersive Thinking, Creativity and Mathematics Education, *Studies in Mathematics Education*, 2017(2), 3-3.

Liljedahl, P.(2017), Flow and the Thinking Classroom, *Studies in Mathematics Education*, (2), 7-12.

김지윤, 〈'소금물 농도 구하라'는 순간, '수포자'됐답니다〉, 《한겨레》, 사회 교육, 2018. 7.

02

교육부(2015a), "초·중등학교 교육과정 총론", 교육부 고시 제2018-150호 [별책 1].

교육부(2015b), "초등학교 교육과정", 교육부 고시 제2018-150호 [별책 2].

교육부(2015c), "중학교 교육과정", 교육부 고시 제2018-150호 [별책 3].

교육부(2015d), "고등학교 교육과정", 교육부 고시 제2018-150호 [별책 4].

경기도교육청(2014), "교사 공동체와 배움중심 수업 사례"(미발행).

김경자·곽상훈·백남진·송호현·온정덕·이승미·한혜정·허병훈·홍은숙 (2015), "2015 개정 교육과정 총론 시안 [최종안] 개발 연구", 세종: 교육부.

김기헌·김지연·장근영·소경희·김진화·강영배(2008), "청소년 생애 핵심역량 개발 및 추진방안 연구 I : 총괄보고서", 서울: 한국청소년정책연구원.

김진모(2001), "기업의 인적 자원 개발을 위한 역량 중심의 교육과정 설계", 〈직업교육연구〉, 20(2), 109-128.

박만구(2009), "수학교육에서 창의성의 개념 및 신장 방안", 한국수학교육학회지 시리즈E, 〈수학교육 논문집〉, 23(3), 803-822.

박정미(2014), "국어과 융합수업이 고등학생의 핵심역량 및 국어역량에 미치는 효과", 숭실대학교 융합영재교육전공 석사학위논문.

백순근·함은혜·이재열·신효정·유예림(2007), "중등학교 교사의 교수역량 구성요인에 대한 이론적 고찰", 〈아시아교육연구〉, 8(1), 47-69.

소경희(2007), "학교교육의 맥락에서 본 '역량(competency)'의 의미와 교육과정적 함의", 〈교육과정연구〉, 25(3), 1-21.

이광우·민용성·전제철·김미(2008), "미래 한국인의 핵심역량 증진을 위한 초·중등학교 교육과정 비전 연구(II) - 핵심역량 영역별 하위요소 설정을 중심으로", 서울: 한국교육과정평가원.

이광우(2015), "2015 개정 교육과정에서의 핵심개념, 핵심역량", 〈한국가정과교육학회 학술대회〉, 11-29.

이진희·김형규·홍성연(2014), "교육과정 개선을 위한 의사소통 역량평가 개발", 〈교양교육연구〉, 8(2), 299-332.

최상덕·서영인·황은희·최영섭·장상현·김영철·김경은·김은화(2013), "미래 인재 양성을 위한 핵심역량 교육 및 혁신적 학습생태계 구축(I)", 서울: 한국교육개발원.

한정민·박만구(2010), "수학적 창의성 신장을 위한 교사의 발문 특성 연구", 〈한국초등수학교육학회 연구발표대회 논문집〉, (8), 219-235.

McClelland, D. C.(1973), Testing for competence than for "intelligence", *American Psychologist*, 28(1), 1-14.

Beghetto, R. A., & Kaufman, J. C.(2007), Toward a broader conception of creativity: A case for mini-c creativity, *Psychology of Aesthetics, Creativity, and the Arts*, 1, 73-79.

Kaufman, J. C. & Beghetto, R. A.(2009), Beyond Big and Little: The Four C Model of Creativity, *Review of General Psychology*, 13(1), 1-12.

03

김은정(2016), 《코칭의 심리학》, 서울: 학지사.

김현섭·김성경(2018), 《욕구 코칭 아이들과 욕구로 통(通)하다》, 군포: 수업디자인연구소.

존 가트맨·최성애, 조벽 역(2014), 《내 아이를 위한 감정코칭》, 서울: 한국경제신문 한경BP.

임지해(2016), "음악수업에서 교사의 심리적 욕구지지가 중학생의 기본심리욕구 만족과 수업태도에 미치는 영향", 이화여자대학교 교육대학원 석사학위논문.

| part 03 | 교사의 수업 전문성을 높이는 역량에 관하여

01

김영천(2013), 《질적연구방법론 II Methods》, 파주: 아카데미프레스.

조용환(2015), "현장연구와 실행연구", 〈교육인류학연구〉, 18(4), 1-49.

02

Mason, J.(2002), *Researching Your Own Practice The Discipline of Noticing*, London: Routledge.

Sherin, M. G., Jacobs, V. R., & Philipp, R. A.(2011), *Mathematics Teacher Noticing Seeing Through Teachers' Eyes*, London: Routledge.

김태수(2018), "수업 전문성에 관한 중등수석교사의 내러티브 탐구", 〈학습자중심교과교육연구〉, 18(8), 489-507.

한채린·김희정·권오남(2018), "학생의 통계적 변이성 이해에 대한 수학 교사의 노티싱 변화양상 사례연구", 〈한국학교수학회〉, 21(2), 183-206.

03

김현섭(2017), 《철학이 살아 있는 수업교실》, 군포 : 수업디자인연구소.

주미경(2008), "협력적 탐구와 반성적 실천 맥락에서 예비교사 발문 사례 분석", 〈학교수학〉, 10(4), 515-535.

Kwon, O. N., Ju, M. K., Rasmussen, C., Marrongelle, K., Park, J. H., Kyoung, H. C., Park, J. S., & Park, J. H. (2008), Utilization of Revoicing Based on Learners'Thinking in an Inquiry-Oriented Differential Equations Class, *The SNU Journal of Education Research*, 17, 111-134.

Rasmussen, C., Kwon, O., & Marrongelle, K. (2008, February), *A framework for interpreting inquiry-oriented teaching*, Paper presented at the Eleventh Conference on Research in Undergraduate Mathematics Education, San Diego, CA.

| part 04 | 수업심리학을 기반으로 수업을 실천하고 평가하다

01

경기도교육청(2016), 《교사의 교육과정문해력 신장》, 수원: 경기도교육청.

02

교육부(2015e), 《수학과 교육과정》, 교육부 고시 제2015-74호 [별책 8].

04

김태현(2012), 《교사, 수업에서 나를 만나다》, 서울 : 좋은교사.

삶과 교육을 바꾸는
맘에드림 출판사 교육 도서

나는 혁신학교에 간다

경태영 지음 / 값 14,000원

공교육을 바꾸겠다는 거대한 희망을 품고 시작된 '혁신학교'. 이 책은 일곱 개 혁신학교의 이야기를 담고 있다. 지금 우리 교육이 변화하는 생생한 현장의 모습과 아이들이 꿈을 키우고 행복하게 공부하는 희망의 터로 새롭게 자리매김하는 학교들을 이 책에서 만날 수 있다.

혁신학교란 무엇인가

김성천 지음 / 값 15,000원

교육공동체가 만들어내는 우리 시대 혁신학교 들여다보기. 혁신학교 전반에 관한 이야기를 다루고 있는 책으로, 공교육 안에서 혁신학교가 생기게 된 역사에서부터 혁신학교의 핵심 가치, 이론적 토대, 원리와 원칙, 성공적인 혁신학교의 모습을 보이고 있는 단위학교의 모습까지 담아냈다.

학부모가 알아야 할 혁신학교의 모든 것

김성천·오재길 지음 / 값 15,000원

학부모들을 위한 혁신학교 지침서!
'혁신학교에서는 무엇을, 어떻게 가르치고 있는지, 교사·학생·학부모는 어떻게 만나서 대화하고 관계를 맺어가는지, 어떤 교육 목표를 지향하고 있는지 등 이 책은 대한민국 학부모들의 궁금증에 친절하게 답을 한다.

덕양중학교 혁신학교 도전기

김삼진 외 지음 / 값 14,500원

이 책의 1부는 지난 4년 동안 덕양중학교가 시도한 혁신과 도전, 성장을 사실과 경험에 기반한 스토리텔링 방식의 성장기로 전개하고 있다. 그리고 2부는 지역사회와 협력하여 펼치고 있는 교육 프로그램, 배움의 공동체 수업 등을 현장 사례 중심의 교육적 에세이 형태로 담고 있다.

학교 바꾸기 그 후 12년

권새봄 외 지음 / 값 14,500원

MBC 〈PD 수첩〉에 방영되어 화제가 되었던 남한산초등학교. 아이들이 모두 행복하고, 얼굴 표정이 밝은 아이들. 학교 가는 것을 무엇보다 좋아하고, 방학을 싫어하는 아이들. 수업과 발표를 즐겼던 이 학교를 졸업한 아이들이 그 후 12년의 삶을 세상에 이야기한다.

교사는 수업으로 성장한다

박현숙 지음 / 값 12,000원

그동안 교사는 수업에서 아이들을 만나지 못해왔다. 관계와 만남이 없는 성장의 결손을 낳았다. 그리하여 우리 아이들과 교사들은 모두 참 아프고 외로웠다. 이 책에서는 교사, 학생, 학부모, 지역사회가 공동체로서 서로 관계를 맺을 때에만 배움은 즐거운 활동으로서 모두가 성장하는 삶의 일부가 될 수 있음을 보여준다.

교사와 학부모가 함께 읽는 주제 통합 수업

김정안 외 지음 / 값 15,000원

'서울형 혁신학교'로 지정된 일곱 개 혁신학교들이 지난 1~2년 동안 운영한 주제 중심 통합 교육 과정과 수업 사례를 소개한 책이다. 이 학교들의 교육과정은 전국적으로 이루어지는 혁신학교들의 성과를 반영하였고, 자신의 지역사회의 실제 환경과 경험을 살려 실제 수업에 적용한 것이다.

혁신교육 미래를 말한다

서용선 외 지음 / 값 14,000원

혁신교육은 2009년 이후 공교육 되살리기의 새로운 희망이 되어왔다. 이러한 정책을 입안하고 추진하는 데 기여해왔던 6명의 교사 출신 연구자들이 혁신교육 발전에 필요한 정책 과제들을 모아 하나의 책으로 제시한다. 이 책은 교육철학, 교육과정, 교육행정과 학교 운영(거버넌스) 등에서 주요 이슈들을 정리하고 혁신교육의 성과와 과제가 무엇인가를 보여준다.

수업을 살리는 교육과정

서우철 외 지음 / 값 16,500원

최근 교육과정을 재구성하는 논의가 활발한 가운데, 이 책에서는 개별 교과목과 교과서의 형식에 얽매이지 않고 아이들의 발달을 고려하여 주제를 중심으로 교육과정을 재구성하여 통합적으로 운영하는 방법과 구체적인 실천 사례를 설명하고 있다. 이러한 과정은 같은 학년을 맡고 있는 교사들의 토론과 협력을 통해서 이루어진 것임을 이야기한다.

수업 딜레마

이규철 지음 / 값 14,000원

이 책을 관통하는 키워드는 '사람'이다. 저자의 노하우를 전수하는 것이 아니라, 수업 속에서 딜레마에 맞닥뜨려 고통 받고 있는 선생님들의 고민을 담고, 신념을 담고, 그것을 이겨내기 위한 한 분 한 분의 마음을 담고 있다. 이런 고민 속에 이 책을 집어든 나를 귀하게 여기며, 다시 한 번 교사로 잘 살아보고 싶은 도전을 하게 한다.

좋은 엄마가 스마트폰을 이긴다

깨끗한미디어를위한교사운동 지음 / 값 13,500원

스마트폰에 대한 아이들의 집착은 대단하다. 스마트폰은 '재미있고 편리하다'. 그러나 스마트폰 때문에 아이들은 시간을 빼앗기고, 건강이 나빠지고, 대화가 사라지며, 공부와 휴식, 수면마저 방해를 받는다. 이 책은 이러한 사례들을 생생하게 소개하고 부모들에게 아이들의 스마트폰 사용에 어떻게 대응해야 하는지 대안을 제시한다.

엄선생의 학급운영 레시피

엄은남 지음 / 값 14,000원

34년 경력의 현직 교사가 쓴 생동감 넘치는 학급운영 지침서. 초등학교에서 아이들은 문자와 숫자를 익히는 것보다 학교와 교실에서 낯설고 모험적인 사건을 겪으면서 더 많은 것을 배운다. 이 책은 초등학교에서 교과서 지식보다 더 중요한 학교생활과 학급문화를 만드는 담임교사의 역할을 다룬다. 교사와 아이들이 서로 존중하고 신뢰하는 관계를 어떻게 만들어야 하는지 구체적인 경험과 사례로 설명해준다.

진짜 공부
김지수 외 지음 / 값 15,000원

혁신학교가 추구하는 '진짜 공부'와 '진짜 스펙'이 무엇인지 보여주는, 졸업생들의 생동감 넘치는 경험담. 12명의 졸업생들은 학교에서 탐방, 글쓰기, 독서, 발표, 토론, 연구, 동아리, 학생회 활동을 통해 자신들이 생각하지도 못한 진짜 공부를 경험했음을 보여준다. 이 책을 통해 수능이 아니라 정말로 청소년 스스로 하고 싶은 것을 즐기면서 성장하는 일이 우리 사회에 필요한 것임을 새삼 느낄 수 있다.

수업 디자인
남경운·서동석·이경은 지음 / 값 15,000원

서울형 혁신학교의 대표적인 수업 혁신을 담은 이야기. 아이들이 서로 협력하면서 배우는 수업을 목표로 삼은 저자들은 범교과 수업모임을 통한 공동 수업설계를 대안으로 제시한다. 아이들은 교사의 설명을 통해 배우는 것이 아니라 서로 '옥신각신'하며 함께 문제에 도전할 때 수업에 몰입하고 배우게 된다. 이 책은 이러한 수업을 위해서 교사들이 교과를 넘어 어떻게 협력하고 수업을 연구해야 하는지 잘 보여준다.

아이들이 가진 생각의 힘
데보라 마이어 지음 / 정훈 옮김 / 값 15,000원

미국 공교육 개혁의 전설적 인물 데보라 마이어가 전하는 교육 개혁에 대한 경이롭고도 신선한 제언. 이 책은 학교 혁신의 생생한 기록을 통해 우리가 학교에서 무엇을, 왜 가르치고, 배워야 하는지에 대한 근원적인 성찰을 담고 있다. 아이들이 지성적으로 생각하는 마음의 습관을 배우는 것이 얼마나 중요하고, 그것을 위해 학교가 무엇을 해야 하는지를 일깨워준다.

어! 교육과정? 아하! 교육과정 재구성!
박현숙·이경숙 지음 / 값 16,500원

교육과정 재구성을 고민하는 교사를 위한 현장 지침서. 이 책은 저자들이 학교현장에서 교육과정 재구성이라는 화두를 고민하고, 실행한 사례들이 담겨져 있다. 책의 내용은 주제통합수업, 교과 통합수업, 범교과 주제 학습, 교과 체험학습, 프로젝트 수업 등 학교현장에서 적용해 큰 성과를 본 것들을 세밀하게 소개하면서 교육과정 재구성 작업의 노하우를 펼쳐 보인다.

행복한 나는 혁신학교 학부모입니다

서울형 혁신학교학부모네트워크 지음 / 값 16,000원

이 책은 학부모가 자신의 눈높이에서 일러주는 아이들의 혁신학교 적응기일 뿐만 아니라, 학부모 역시 학교를 통해 자신의 삶을 고양시켜가는 부모 성장기라는 점에서 대한민국의 모든 학부모들에게 건네는 희망 보고서이기도 하다. 혁신학교가 궁금한 모든 학부모들이 이 책을 통해 혁신학교 학부모로서의 체험을 미리 하는 데 부족함이 없을 것이다.

일반고 리모델링 혁신고가 정답이다

김인호 · 오안근 지음 / 값 15,000원

교육 환경이 열악한 지역에 있던, 서울의 한 일반계 고등학교가 혁신학교로서 4년간 도전과 변화를 겪으면서 쌓은 진로, 진학의 비결을 우리 사회 모든 학생, 학부모, 교사, 시민 등에게 낱낱이 소개해주는 책. 무엇보다 '혁신학교는 대학 입시에 도움이 안 된다'는 세간의 편견을 말끔히 떨어 없앤다. 저자들은 '결과' 중심 교육과정을 '과정' 중심으로 바꾸고, 교내 대회와 동아리 활동, 봉사 활동을 장려함으로써 대학 진학이란 놀라운 결과가 어떻게 이루어질 수 있었는지 보여주고 있다.

우리가 신뢰하는 학교, 어떻게 만들 것인가?

데보라 마이어 지음 / 서용선 옮김 / 값 15,000원

이 책의 저자인 데보라 마이어는 보수와 진보를 막론하고 미국 공교육 개혁 분야에서 가장 신뢰받는 실천가이자 이론가로 평가받는다. 학교 안에서 '신뢰의 붕괴'를 오늘날 공교육이 직면한 가장 큰 도전으로 인식한다. 이 책의 원제 〈In Schools We Trust〉에서 나타나듯, 저자는 신뢰할 수 있는 공교육의 조건이 무엇인지 자신의 경험 속에서 제안하고, 탐색하고, 성찰한다.

교사, 어떻게 살아야 하는가

김성천 외 지음 / 값 15,000원

오랫동안 교육현장에서 교육과 연구를 병행해온 저자 5인이 쓴 '신규 교사를 위한 이 시대의 교사론'. 이 책은 학교구성원과의 관계 맺기부터 학교현장에서 맞닥뜨리게 되는 여러 가지 문제들과 극복 방법, 교육 개혁에 어떻게 주체로 설 수 있는지, 어떤 과정을 통해 개인의 성장을 도모해야 하는지 등 신규 교사의 궁금점에 대해 두루 답하고 있다.

리셋, 교육과정 재구성

서울신은초등학교 교육과정연구회 모임 지음 / 값 16,000원

서울형 혁신학교인 서울신은초등학교 교사들이 1학년부터 6학년까지 모든 학년의 교육과정을 재구성하고 실천한 경험을 모두 담았다. 이 책에 소개된 혁신학교 4년의 경험은 진정한 학습이란 몸과 마음을 통해 경험함으로써, 생각이나 감정을 다른 사람과 주고받음으로써, 과거 경험을 새로운 지식으로 다시 생각함으로써 실현된다는 점을 잘 보여주고 있다.

다섯 빛깔 교육이야기

이상님 지음 / 값 16,000원

충북 혁신학교(행복씨앗학교)인 청주 동화초등학교의 동화 작가 출신 선생님이 아이들과 함께 보낸 한해살이 이야기다. 이오덕 선생의 '아이들의 삶을 가꾸는 교육'을 고민하던 저자가 동화초 아이들을 만나면서 초등학생의 특성에 맞도록 활동 중심의 교육과정을 재구성하는 한편, 표현 위주의 교육을 위한 생활 글쓰기 교육을 실천하면서, 학교교육을 아이들의 놀이와 생활, 삶과 연결시키고자 노력한 교단 일지를 바탕으로 구성되었다.

만들자, 학교협동조합

박주희·주수원 지음 / 값 14,500원

이 책은 학교협동조합이 무엇인지, 어떤 유형의 학교협동조합이 가능한지, 전국적으로 현재 학교협동조합의 추진 상황은 어떠한지 국내외 사례를 통해 소개하고 안내하는 한편, 학교협동조합을 운영하는 원리와 구체적인 교육 방법을 상세하게 풀어놓고 있다. 저자들의 실천적 지침들을 따라가다 보면 학교협동조합은 더 이상 상상이 아니라 학교구성원의 필요와 의지, 실천으로 극복할 수 있는 실현 가능한 미래라는 점을 알게 된다.

땀샘 최진수의 초등 수업 백과

최진수 지음 / 값 21,000원

초등학교에서 20여 년간 아이들을 가르쳐온 저자가 초등학교 수업에 대해서 기록하고 연구하고 실천하며 쌓아온 경험을 바탕으로 초등학생들과 수업을 함께하는 방법을 담고 있다. 아이들의 학습 동기, 아이들이 수업에 참여하는 방법, 칠판과 공책을 사용하는 방법, 모둠 활동, 교과별 수업, 조사와 발표 등 초등학교 교사가 아이들을 가르칠 때 알아야 할 가장 기본적이면서도 가장 중요한 모든 것을 다루고 있다.

혁신 교육 내비게이터 곽노현입니다

곽노현 편저 · 해제 / 값 17,000원

서울시 18대 교육감이자 첫 번째 진보 교육감으로서 혁신 교육을 펼쳤던 곽노현은, 우리 사회 전반을 아우르는 주요 교육 현안들을 이 책에서 포괄적으로 다루고 있다. 2014년 3월부터 1년간 방송된 교육 전문 팟캐스트 '나비 프로젝트' 인터뷰에 출연한 전문가들과 나눈 대화와 그에 대한 성찰적 후기를 담고 있다. 이 책은 그야말로 우리가 '지금 알아야 할 최소한의 교육 이야기'를 포괄하고 있다.

무엇이 학교 혁신을 지속가능하게 하는가

권성호 · 김현철 · 유병규 · 정진헌 · 정훈 지음 / 값 14,500원

독일 '괴팅겐 통합학교', 미국 '센트럴파크이스트 중등학교', 한국 혁신학교의 사례들을 통해 성공적인 학교 혁신의 공통점을 찾아내고 그것을 지속가능하도록 만들기 위해서 필요한 것은 무엇인지를 보여준다. 독자들은 이 책에서 괴팅겐 통합학교의 볼프강 교장이 말한 것처럼 '좋은 학교'를 만들기 위한 학교 혁신에 세계적으로 보편적이라고 할 만한 공통점을 찾을 수 있다.

교과를 꽃피게 하는 독서 수업

시흥 혁신교육지구 중등 독서교육 연구회 지음 / 값 16,500원

이 책은 지난 5년 동안 진행된 혁신교육지구 사업의 일환으로 학교에서 고군분투하며 독서교육을 이끌어왔던 독서지도사들이 실천 경험을 엮어낸 것으로 청소년기 학생들에게 장래 진로, 사랑, 우정, 삶의 지혜를 찾는 데 도움을 주는 독서교육을 잘 보여주고 있다. 특히 이 책에 소개된 국어, 수학, 과학, 사회, 도덕, 미술, 역사 등 다양한 교과와 연계한 협력수업은 독서교육의 새로운 전망을 보여주는 결실이다.

혁신학교의 거의 모든 것

김성천 · 서용선 · 홍섭근 지음 / 값 15,000원

이 책은 혁신학교에 대한 100가지 질문에 답하면서 혁신학교의 역사, 배경, 현황, 평가와 전망을 구체적인 증거를 통해 설명하고 있다. 이 책에 서술된 혁신학교에 관한 100문 100답을 통하여 우리 사회에 필요한 교육은 무엇인지, 교사와 학생들이 더 즐겁게 가르치고 배우면서 성장할 수 있는 교육을 위해 필요한 것이 무엇인지, 그것을 위해서 우리 사회 시민 각자가 자신의 위치에서 무엇을 하면 좋은가를 더 깊이 생각해볼 기회를 얻을 것이다.

교실 속 비주얼씽킹

김해동 지음 / 값 14,500원

이 책은 비주얼씽킹 기본기부터 시작하여 교과별 수업, 생활교육, 학급운영 등에 비주얼씽킹을 응용하는 방법을 설명하고 있다. 특히 교사들이 초등학교 1학년부터 고등학교 3학년까지 국어, 수학, 영어, 과학, 사회 등 모든 교과 수업에 비주얼씽킹을 활용할 수 있도록 수업 지도안을 상세하면서도 간결하게 제시하고 있다. 또한 독자들이 책 내용에 대해 더욱 풍부한 이미지와 자료를 접할 수 있도록 저자의 블로그로 연결되는 QR코드를 담고 있다.

교육과정-수업-평가 어떻게 혁신할 것인가

이형빈 지음 / 값 15,500원

이 책은 교육과정 사회학자 번스타인(Basil Bernstein)이 제시한 '재맥락화(recontextualized)'의 관점에 따라 저자가 장기간에 걸쳐 일반 학교 한 곳과 혁신학교 두 곳의 수업을 현장에서 면밀하게 관찰하고 심층 인터뷰와 설문조사를 통한 연구를 바탕으로, 무기력과 불평등을 재생산하는 교실을 민주적이고 평등한 구조로 바꾸기 위해 교육과정-수업-평가를 어떻게 혁신해야 하는지 제안하는 내용을 담고 있다.

혁신학교 효과

한희정 지음 / 값 15,000원

이 책에서 저자는 혁신학교 효과를 살펴보기 위해 혁신학교가 OECD DeSeCo 프로젝트에 제시된 '핵심 역량'을 가르치고 있는지, 학생·학부모·교사가 서로 배우는 교육공동체를 이루고 있는지, 학생의 발달을 위한 다양한 교육과정을 운영하고 있는지, 교사의 자율성과 전문성을 강화하고 있는지, 자치적이고 민주적인 학교문화를 가지고 있는지, 지역사회와 협력하고 있는지를 다른 일반 학교와 비교하여 설명한다.

교실 속 생태 환경 이야기

김광철 지음 / 값 15,000원

아이들이 자연과 친해지고 즐길 수 있도록 교육하는 것은 쉬운 일이 아니다. 특히 도시에서는 더욱 어렵다. 그래서 이 책은 도시 지역 학교에서도 쉽게 실천에 옮길 수 있는 다양한 생태·환경교육을 폭넓게 다루고 있다. 이 책에서 저자는 계절에 따라 할 수 있는 20가지 환경교육 프로그램을 제시하고, 방법과 순서, 재료 등을 상세히 설명해준다.

이제는 깊이 읽기

양효준 지음 / 값 15,000원

교과서에는 수많은 예화와 발췌문이 들어가 있다. 이런 자료들은
교육부가 교육과정에서 요구하는 기준에 맞춰 어떤 이야기,
소설, 수필, 논픽션 등에서 일부만 가져온 토막글이다. 아이들은
교과서에 수록된 작품이나 이야기 전체를 읽지 못한 상태에서
단편적인 지문만 읽고 이해를 해야 하기 때문에 책을 읽으면서
생각하고 공감할 수 있는 기회와 흥미를 찾을 수 없게 된다. 이
책은 이러한 문제를 개선하기 위해서 한 권이라도 책 전체를
꾸준히 읽어가는 방법인 '깊이 읽기'를 대안으로 소개하고 있다.

인성의 기초가 되는 초등 인문학 수업

정철희 지음 / 값 15,500원

이 책은 아이들의 올바른 인성교육을 위한 새로운 방법으로써
인문학 수업을 제시하고 있다. 이 책에서 설명하고 있는 인문학
수업은 교사가 신화, 문학, 영화, 그림, 역사적 인물의 일대기
등에서 이야기를 찾아 아이들에게 제시하고, 아이들이 그
이야기에 나오는 여러 문제와 인물 등에 대해 자신의 감정을
스스로 공책에 기록하고 일상의 경험과 비교하고 토의와 토론을
통해 자신의 생각을 발전시키는 수업이다.

수업, 놀이로 날개를 달다

박현숙 · 이응희 지음 / 값 13,500원

교육계에서 최근 가장 중요한 과제로 삼고 있는, OECD의 여덟
가지 핵심 역량(DeSeCo)에 따라 여러 놀이들을 분류해서 설명하고
있다. "놀이에 내재된 긴장의 요소는 사람의 심성, 용기, 지구력,
총명함, 공정함 등을 시험하는 수단이 되므로" 그것은 학생들의
역량을 키우는 수단이 된다. 이 책의 저자들은 수업이 놀이를
만났을 때 어떻게 핵심 역량이 강화되는지 이야기하고 있다.

더불어 읽기

한현미 지음 / 값 13,500원

이 책은 교사들이 학습공동체를 통해 교직의 전문성과 자율성을
새롭게 발견하며 성장하는 이야기를 다룬다. 우리 사회의 기존 교육
제도는 효율성이라는 명분으로 아이들에게 경쟁을 강요하면서 교사들
역시 서로 경쟁하도록 만드는 시스템으로 이루어져 있다. 이 책에서
저자는 이러한 비인격적인 제도와 환경 아래서 교사들이 행복을
되찾기 위해서는 서로 협력하며 같이 배우면서 아이들과 함께 성장할
수 있어야 한다고 말한다.

땀샘 최진수의 초등 글쓰기

최진수 지음 / 값 17,000원

글쓰기가 아이들에게 필요한 중요한 것이 되려면 먼저 솔직하게 써야 한다. 모르는 것은 '모른다', 잘못은 '잘못이다', 싫은 것은 '싫다'고 솔직하게 드러낼 때 글쓰기는 아이가 성장하는 디딤돌이 될 수 있다. 그리고 이것은 가르치는 교사에게도 적용된다. 지도하는 사람과 지도받는 사람이 따로 있는 것이 아니라 함께 쓰고, 함께 나누면서 서로 성장을 돕는 것이다.

성장과 발달을 돕는 초등 평가 혁신

김해경 · 손유미 · 신은희 · 오정희,
이선애 · 최혜영 · 한희정 · 홍순희 지음 / 값 15,500원

이 책은 교육적 대안을 마련하기 위해 혁신학교에서 지난 5~6년 동안 초등학생의 성장과 발달을 돕는 평가를 실천해온, 현장 교사 8명이 자신들의 지혜와 경험을 모아놓은 최초의 결실을 담고 있다. 독자들은 이 책을 통해 평가는 시험이 아니며 교육과정과 수업의 연장으로서 아이들의 잠재력을 측정하고 적절한 조언을 제공한다는 원래의 목표를 되살리는 첫걸음을 찾을 수 있다.

수업 코칭

이규철 지음 / 값 15,500원

가르치는 일을 함으로써 학생들의 배움을 돕는 교사들에게 수업은 시간적으로도, 공간적으로도 학교에서 자신이 하는 일의 중심을 이룬다. 그래서 수업에 관한 고민은 교과를 가리지 않고 교사들에게 일반적으로 드러난다. 교사들은 공통의 문제로 씨름하게 된다. 최근에 그 공통의 문제를 교사들이 함께 풀어 나가자는 흐름이 곳곳에서 일어나고 있다. 이 책은 그중에서도 '수업 코칭'이라는 하나의 흐름을 다룬다.

교사들이 함께 성장하는 수업

서동석 · 남경운 · 박미경 · 서은지,
이경은 · 전경아 · 조윤성 지음 / 값 15,000원

이 책은 아이들의 배움에 중점을 둔 수업을 위해 구성한 교사 학습공동체로서, 서로 다른 여러 교과 교사들이 수업을 디자인하고 연구하는 '수업 모임'에 관해 다룬다. 수업 모임 교사들은 공동으로 교과 수업을 디자인하고, 참관하고, 발견한 내용을 공유하고 평가하는 피드백을 통해 수업을 개선해간다. 그리고 이러한 실천이 쌓여가면서 공개수업을 준비하는 방법과 절차는 더욱 명료해지고, 수업설계는 더욱 정교해진다.

땀샘 최진수의 초등 학급 운영
최진수 지음 / 값 19,000원

이 책의 저자는 학급운영의 출발은 아이들을 '가르치는 대상'에서 '존중받는 존재'로 바라보는 것에서 시작해야 한다고 이야기한다. 또한 아이들과 함께하면서 교사는 성장한다. 이러한 성장은 시간이 흐르고 경력이 쌓인다고 이뤄지는 것이 아니라 여러 가지 어려운 문제를 헤쳐 나가며 교사 스스로 자신을 되돌아보고 성찰할 때 비로소 아이들과 함께하는 올바른 학급운영이 이루어진다고 말한다.

당신의 교육과정-수업-평가를 응원합니다
천정은 지음 / 값 14,500원

이 책은 빛고을혁신학교인 신가중학교에서 펼쳐진, 학교교육 혁신 과정과 여전히 완성되지 않은 그 결과를 다루고 있다. 드라마 〈대장금〉에 나오는 '신비'의 메모가 보여준 것과 같이 교육 문제를 여전히 아리송한 것처럼 적고, 묻고, 적기를 반복하며 다가가는 것이다. 저자인 천정은 선생님은 이 책을 통해 자신의 수업이 앞으로도 교육의 본질에 더 가깝게 계속 혁신되기를 바라고 있다.

에코 산책 생태 교육
안만홍 지음 / 값 16,500원

오늘날 인류에게는 에너지와 자원을 대량으로 소비하는 생활양식이 보편화되어 있다. 이러한 생활양식은 자연을 파괴하고 수많은 환경 문제를 야기하고 있다. 이 책은 그러한 생태 교육을 위해 필요한 내용을 다루고 있다. 아이들이 지구 환경을 다시 복원하기 위해서 갖춰야 할 것은 관찰하고 기록하고 어떤 과학적 추론을 이끌어내는 능력이 아니라, 오감을 통해 스스로 자연을 느끼고, 자연의 소중함을 배우는 것이다.

I Love 학교협동조합
박선하 외 지음 / 값 13,000원

학교에 협동조합을 만드는 일에 참여했던 학생들의 협동조합 활동과 더불어 자신과 친구들이 어떻게 성장했는지를 이야기한다. 글쓴이 중에는 중학교 1학년 때부터 사회복지사라는 장래 희망을 가지고 학교협동조합에 참여한 학생도 있고, 고등학교 3학년 때 참여하기 시작한 학생도 있다. '뭔가 재밌을 것 같다'는 호기심을 가지고 시작한 학생이 있는가 하면, 어떤 학생은 자의 반 타의 반으로 학교협동조합에 참여했다.

얘들아, 하브루타로 수업하자!

이성일 지음 / 값 13,500원

최근에는 공부 방식이 외우는 것에서 생각하는 것으로, 수업 방식은 교사 위주의 강의 수업에서 학생 위주의 참여 수업으로 많은 변화가 이루어지고 있다. 이는 4차 산업혁명 시대를 살아가야 할 학생들을 위해서는 당연한 것이다. 학교 교실에서 실제로 질문하고, 토론하는 하브루타 참여 수업의 성과를 담은 이 책은 하브루타 수업을 통하여 점점 성장해가는 아이들의 모습을 보여준다.

내면 아이

이준원 · 김은정 지음 / 값 15,500원

그동안의 상담 사례를 모아 부모 · 교사의 마음속에 숨어 있는 완벽주의, 억압, 방치, 거절, 징벌, 충동성, 과잉보호 등의 '내면 아이'가 자녀/학생과의 관계에서 어떠한 영향력을 행사하는지, 어떻게 갈등을 일으키는지 볼 수 있게 한다. 그 뿌리를 찾아 근원부터 치유하는 방법들은 필자의 경험을 바탕으로 종합한 것이다. 또한 임상 경험을 아주 쉽게 소개하여 스스로 자신의 '내면 아이'를 만나고 치유할 수 있도록 하는 데 중점을 두었다.

핵심 역량을 키우는 수업 놀이

나승빈 지음 / 값 21,000원

이 책은 [월간 나승빈]으로 유명한 나승빈 선생님의 스타일이 융합된 놀이책이다. 놀이 백과사전이라고 불러도 될 만한 이 책은 교실에 갇혀 넘치는 에너지를 발산하지 못하는 아이들과, 단순한 재미를 뛰어넘어 배움이 있는 수업을 고민하는 선생님을 위한 것이다. 본문에서는 수업 속에서 실천이 가능한 다양한 놀이를 제시하고 있다. 각각의 놀이들을 수업과 어떻게 연계할 수 있으며, 수업 놀이를 통해 어떤 역량을 키울 수 있는지 이야기한다.

교실 속 비주얼 씽킹 (실전편)

김해동 · 김화정 · 김영진 · 최시강,
노해은 · 임진묵 · 공세환 지음 / 값 17,500원

전 편이 교과별 수업, 생활교육, 학급운영 등에 비주얼씽킹을 응용하는 방법을 이론적으로 설명했다면, 《교실 속 비주얼씽킹 실전편》은 실제 초 · 중 · 고 학생을 대상으로 수업을 진행한 교사들의 활동지를 담았다.

수업 고민, 비우고 담다
김명숙 · 송주희 · 이소영 지음 / 값 15,500원

이 책은 수업하기의 열정을 잃지 않고 수업 보기를 드라마 보는 것만큼 재미있어 하는 3명의 교사가 수업 연구에 대한 이론적 체계가 아닌, 현장에서의 진솔한 실천 과정을 순도 높게 녹여낸 책이다. 이 속에는 수업에서 실패를 두려워하지 않는, 발랄한 아이들과 함께한 자신의 교실을 용기 있게 들여다보며 묵묵히 실천적 연구자로 살아가는 선생님들의 고민과 성장이 담겨 있다.

뮤지컬 씨, 학교는 처음이시죠?
박찬수 · 김준성 지음 / 값 12,000원

각고의 노력으로 학교 뮤지컬을 개척한 경험과 노하우를 소개한 책. 뮤지컬은 학생들의 삶을 보다 풍요롭게 만듦으로써 학교교육 위기의 대안으로 크게 주목받고 있다. 현장에서 바로 적용하고 고민할 수 있는 현재진행형의 살아 있는 지식이 담겨 있다.

어서 와, 학부모회는 처음이지?
조용미 지음 / 값 15,000원

두 아이의 엄마인 저자가 다년간 학부모회 활동을 하면서 알게 된 노하우와 그간의 이야기들을 담은 책. 학부모회 활동을 처음 시작하는 이들이나, 이미 학부모회에서 활동 중이지만 학교라는 높은 벽에 부딪혀 방향성을 고민 중인 이들에게 권한다.

학교협동조합 A to Z
주수원 · 박주희 지음 / 값 11,500원

'학교협동조합'의 설립 및 운영과 관련해 학생, 학부모, 교사들이 궁금해할 만한 이야기들을 질문과 답변 형식으로 풀어냈다. 강의와 상담을 통해 자주 접하는 질문들로 구성했으며, 학교협동조합과 관련된 개념들을 좀 더 쉽고 빠르게 이해하는 데 중점을 두었다.

색카드 놀이 수학

정경혜 지음 / 값 16,500원

몸짓과 색카드로 초등학교 1학년부터 6학년까지 배우는 수와 연산을 익힐 수 있도록 가르치는 방법을 다룬다. 즉, 색카드, 수 놀이, 수 맵, 몸짓 춤, 스토리텔링, 놀이가 결합되어 아이들이 다양한 감각을 통해 몸으로 수학의 개념과 원리를 터득하게 하는 것이다. 놀이처럼 수학을 익히면서 개념과 원리를 터득해나갈 때 아이들은 단순히 수학 지식을 배우는 것이 아니라 그것을 실제로 사용할 수 있는 지혜를 배운다.

교육을 교육답게 우리교육 다시 세우기

최승복 지음 / 값 16,000원

20여 년간 교육부 공무원으로 정책을 연구하고 입안해온 저자가 우리 사회가 당면한 교육 문제의 본질과 대안을 명확하게 정리한 책. 저자는 표준화된 교육과정과 평가에 따라 학생들에게 획일성과 경쟁만 강조해왔던 과거의 교육을 단호히 비판하고 학생 개개인에게 맞는 개별화 교육이 필요하다고 주장한다.

처음부터 다시 시작하는 수업

민수연 지음 / 값 13,500원

1년 동안 아이들과 교사가 함께 행복한 교실을 만들어간 기록들이 담겨 있다. 교육의 본질과 교사의 역할, 교육관과 인간 본성에 관한 철학적 고민부터 구체적 방법론, 아이들의 참여와 기쁨에 이르기까지 교육과 관련된 다양한 요소가 버무려져 마치 한 편의 드라마 같다.

혁신교육 정책피디아

한기현 지음 / 값 15,000원

이 책의 저자는 교육 현장은 물론, 행정 프로세스에 대한 경험을 모두 갖춘 만큼 교원 업무 정상화, 학폭법의 개정, 상향식 평가, 교사 인권 보호, 교육청 인사, 교원연수 등과 관련해 교육 현장의 가려운 곳을 제대로 짚어 긁어주면서도 현실성 높은 다양한 정책들을 제안한다.

영화 만들기로 창의융합 수업하기

박현숙 · 고들풀 지음 / 값 13,000원

창의융합 수업의 좋은 사례로서 아이들과 영화를 만든 이야기를 담았다. 시나리오, 콘티, 촬영, 편집과 상영까지 교과의 경계를 넘나드는 영화 만들기 수업 속에서 아이들은 다양한 역량을 발휘하며 훌쩍 성장한다. 학생들과 영화 동아리를 운영한 사례들도 담겨 더욱 깊이 있는 노하우를 얻을 수 있다.

혁신교육지구란 무엇인가?

강민정 · 안선영 · 박동국 지음 / 값 16,000원

이 책은 혁신교육지구에 관한 거의 모든 것을 아우른다. 시흥시와 도봉구의 실제 운영 사례와 향후 과제는 물론 정책 제안까지 담고 있어, 혁신교육지구에 관심을 가진 사람들뿐만 아니라 혁신교육지구와 관련된 업무를 담당하고 있는 현장의 전문가 및 정책 입안자들에게도 큰 도움이 될 것이다. 또한 이 책은 전국의 혁신교육지구가 더욱 확대·발전해나가는 데 밑거름이 될 것이다.

톡?톡! 프로젝트 학습으로 배움을 두드리다

최미리나 · 이성준 · 김지원 · 조수지 · 심혜민 지음 / 값 19,500원

이 책은 학생들이 흥미를 느끼는 주제로 탐구 활동을 진행해 배움의 진정한 즐거움을 발견하고, 나아가 한층 더 깊은 탐구로 이어지는 선순환이 가능한 프로젝트 수업을 위한 거의 모든 것을 다룬다. 이 책을 통해 교사들은 교육과정 재구성, 프로젝트 학습의 평가 방법, 실생활과 연계한 배움 중심 수업을 만들어갈 수 있는 다양한 아이디어를 얻을 수 있을 것이다.

주제와 감수성이 살아나는 공감 수업

김홍탁 · 강영아 지음 / 값 16,000원

교육의 본질은 수업이며, 학생들은 수업에서 삶을 배워야 한다. 저자들은 그 연결 고리를 '공감'으로부터 찾아냈다. 역사와 정치, 민주주의를 관통하는 주제가 살아 있는 수업, 타인과 사회를 공감하는 인권 감수성 수업을 통해 아이들은 사회를 정확하게 바라보는 시민으로 성장한다. 더불어 책 속에는 전문적 학습공동체를 경험한 선생님들의 성장 이야기가 담겨 있다.

평가의 재발견

고영희 · 윤지영 · 이루다 · 이성국 · 이승미 · 정영찬
감수 및 지도_허숙(경인교육대학교 명예 교수) / 값 16,000원

이 책은 진정한 교육평가란 무엇인가를 다룬다. 교육평가는 학생에게
등수나 등급을 부여하는 것이 아니다. 평가는 시험이나 채점이 아니다.
교육평가란 교사의 가르침을 포함하여 교육목표에 이르기까지 교육
활동 전반을 대상으로 평가하는 것이다. 학생들을 변별해서 선발하는
것이 아니라 각자 최대한의 학업성취를 이루도록 학생의 발달을 돕는
것이 평가의 목적이다. 이 책은 이러한 이해를 토대로 하여 저자들의
풍부한 실천 경험을 소개하고 있다.

나쌤의 재미와 의미가 있는 수업

나승빈 지음 / 값 21,000원

이 책의 저자는 '재미'와 '의미'를 길잡이 삼아 수업의 길을 뚜벅뚜벅
걸어가고 있다. 책 속에서 제안하는 다양한 재미있는 활동들을
통해 학생들을 좀 더 적극적으로 배움의 세계로 초대하고, 학생들은
자유롭게 생각을 펼쳐나갈 것이다. 아울러 그러한 생각들은 깊이 있는
토론을 통해 의미 있게 확장해나갈 것이다. 또한 소개된 활동들을 각자
처한 환경에 따라 나름대로 변형 및 개혁해나가는 동안 독자 나름의
빛나는 수업 아이디어를 발견할 수 있을 것이다.

하브루타로 교과 수업을 디자인하다

이성일 지음 / 값 14,500원

다양한 과목별 하브루타 수업 사례를 담은 책. 각 교과 수업에 활용할
수 있도록 한 하브루타 맞춤 수업 안내서다. 책 속에는 실재 교실에서
하브루타를 적용한 수업 사례들이 교과목 별로 실려 있다. 각 사례마다
상세한 절차와 활동지를 담아서 누구나 수업에 바로 적용하고 쉽게
따라할 수 있도록 했다.

수업
심리학을
만나다

독자 여러분의 소중한 원고를 기다립니다

맘에드림 출판사는 독자 여러분의 소중한 원고를 기다리고
있습니다. 원고가 있으신 분은 momdreampub@naver.com으로
원고의 간단한 소개와 연락처를 보내주시면 빠른 시간에 검토해
연락을 드리겠습니다.